U0621290

邢朔平 著

邢万军 主编

诗若珠玉，情怀苍生

北方文艺出版社

图书在版编目（CIP）数据

白居易：诗若珠玉，情怀苍生 / 邢朔平著 . ――
哈尔滨：北方文艺出版社，2019.1
（走近诗词品人生 / 邢万军主编）
ISBN 978-7-5317-4415-3

Ⅰ . ①白… Ⅱ . ①邢… Ⅲ . ①白居易（772-846）–
人物研究②白居易（772-846）–唐诗–诗歌研究 Ⅳ .
① K825.6 ② I207.22

中国版本图书馆 CIP 数据核字（2018）第 255552 号

白 居 易 ： 诗 若 珠 玉 ， 情 怀 苍 生
Baijuyi Shiruo Zhuyu Qinghuai Cangsheng

作　者 / 邢朔平　　　　　　　　　　　主　编 / 邢万军
责任编辑 / 路　嵩　张贺然　　　　　　封面设计 / 琥珀视觉

出版发行 / 北方文艺出版社　　　　　　邮　编 / 150080
发行电话 /（0451）85951921 85951915　经　销 / 新华书店
地　址 / 哈尔滨市南岗区林兴街 3 号　　网　址 / www.bfwy.com

印　刷 / 三河市嵩川印刷有限公司　　　开　本 / 710mm×1000mm　1/16
字　数 / 184 千　　　　　　　　　　　印　张 / 14
版　次 / 2019 年 1 月第 1 版　　　　　 印　次 / 2020 年 8 月第 3 次印刷

书　号 / ISBN 978-7-5317-4415-3　　　定　价 / 36.00 元

序

　　他，生于一个中小官宦家庭。他一生尝遍酸甜苦辣，看尽世事沧桑。流年易逝，深情永存，他留给后人的，却是跌宕了一个时代的柔肠。

　　他，忠勇正直；他，心系天下，忧国忧民。他将自己的一生都镌刻在那精妙的诗词之中。他的诗多是白描之作，就像他的心田，一眼便能望穿。那些晶莹的语句，承载了千年前的繁盛与沧桑。

　　他，奔忙于仕途，辉煌之时位及刑部尚书。常言道，伴君如伴虎，他身处权贵的夹缝中，总有诸多无奈与隐痛。而他自幼饱读诗书，胸中沟壑万千，自是满腔的忧国忧民情怀，怀揣报国之志。仕途虽然坎坷，但还是稳步上升。

　　他，就是白居易。

　　他与元稹、李绅等人倡导了新乐府运动，这是文学史上的一件大事。才华横溢的他们，如同星星之火蕴藏着燎原之势，他们将中国古典文学推上了一个新的高峰。他并不是一个循规蹈矩之人，他不惧怕改变，他深知新事物的出现必将经历一番挣扎。"是真名士自风流"，他就是这样一个令世人敬佩的人。

　　他，有着一代名臣的理想，就算不能万古流芳、名垂青史，也要成为百姓心中的青天，为此，他倾尽了所有。唐朝中期，风云变幻，貌似强盛的王朝充满了危机，大唐盛世逐渐走上了下坡路。看到食不果腹、衣不蔽体的百姓，他总会在诗句中不经意地流露出悲伤。有时候，他常常问自己，悬梁刺股的努力到底是想换得什么样的结局？

情愫，女子，是他的柔肠。他用诗句作为载体，倾诉自己最纯真的思感。那些已经远去的女子，譬如王昭君、杨贵妃，她们的故事感染了白居易的思绪。她们有着不一样的人生，不一样的故事，却有着相同的情怀。

她们才华横溢，温婉美丽，刚毅坚强，但在白居易看来，却很少有女子能够得到真正的幸福。那些关于女子的悲剧都源于社会的不平等观念，对女人的刻板要求与无聊标准让她们丧失了作为人的权利。看着这些如花般的生命终免不了落入泥土的落寞，他感伤了。

被贬为江州司马，他的人生从此进入了一个新阶段。所幸那些失落与挫败，随着时间的流逝，逐渐消失了。他终于走出仕途的泥沼，放下负累，抛弃他坚持了大半生的执着。"山重水复疑无路，柳暗花明又一村"，从此，他找到了人生的又一崇高追求，禅理让他感受到了前所未有的轻松与快乐。

一代才子，一生光明磊落，他的诗句让他流芳百世，直到今天我们仍然被他的诗句感染，被他的真情感动。

他就是我们钟爱了千年的诗人——白居易。

目 录

第一章

书香里的少年郎

初生，官宦之家

生命不是一束小小的烛光，摇摆羸弱。它更像是火炬，熊熊燃烧，被我们暂时举起，撑起一世光明灿烂，然后骄傲地传递给下一代。

唐代宗大历七年，刚刚过完春节。人们还沉浸在春节的热闹氛围中，河南新郑县街头依旧是车水马龙。此时县城东郭的白家也是一派繁忙景象，夫人刚刚生了小少爷，小少爷一出生似乎就带着祥瑞之气，白白胖胖，白家上下都兴高采烈。

白家老太爷是巩县的县太爷，他知道儿媳妇就要分娩，就提前半个月回到家里，等着孩子出世。最开心的事莫过于生的是个男孙，老太爷想了想，给孩子取名居易，字乐天。

白家上下都非常开心，但是他们无法想到，在未来，这个名字将成为中国历史上一个重要的符号——白居易，字乐天，唐代伟大的现实主义诗人，中国文学史上负有盛名且影响深远的诗人和文学家。

乐天的父亲也非常开心，这是他的第二个儿子，自己能够在这个年龄再度添得男丁，免不了非常兴奋。最高兴的莫过于孩子的母亲白陈氏，老夫少妻的组合，让白夫人生活得非常压抑。她比丈夫白季庚小一辈，是白季庚的外甥女，比他小二十六岁，沟通有很大的障碍。如此姻缘，并非出自她的意愿，可是家境的变迁让她只能接受这个现实，到了白家后，更有种寄人篱下的感觉。

有了儿子，她好像有了依靠，一颗孤独的心找到了爱的出口，一张憔悴的脸也变得温和红润，洋溢着久违的笑意。她把满腔的爱都付之于儿子身上，他为她带来了生机和希望。

古时候的女子仿佛不是为了自己而活。曾经的她，只有差着辈分的丈夫，只有一纸逃不掉的婚姻，没有执子之手的爱情，那四方的庭院锁住了她的快乐和自由。如今的她，有了儿子，那份与生俱来的母性光辉战胜了一切，她对乐天的关爱，胜过爱情，胜过自由，胜过快乐。

乐天便是她的快乐。

初生的孩童，带着稚嫩的容颜，举手投足间虽充满稚气，但气度却无人能及。生于斯，长于斯。这个被爱包围着的乐天，这个被官宦之家的礼节和气质滋润着的小小的人儿，注定有着非凡的才情和辉煌的一生。

青青草原，春风拂面。嫩绿色的小草带着新奇的目光，钻出地面，长出新芽，随着风，伴着雨，欢快地摇晃着身躯，开始属于它的青春年华。春夏秋冬、阴晴圆缺，一切轮回，都是大自然的杰作。虽然没有永恒的生命，但生命的开始总是焕发着勃勃生机。

随着第一声啼哭，乐天来到世上。那时没人知道，这个官宦之家，会因这个小小的孩童被世人熟知，在历史的滚滚浪沙中，那么鲜明，经久不衰。

在河南新郑县，这个距离东都洛阳并不遥远的淳朴小城，乐天看见了人世的第一缕阳光。幼时的喜怒哀乐、每一步成长，都刻在新郑的土地上，那也是他关于新郑的记忆。新郑，这个白居易一生中最难忘的地方，却不是他的故乡，也不是他的归处。

白氏的祖籍远在乐天并不熟悉的太原。那是一段要从秦始皇时期说起的渊源，他的先人便是秦朝的名将白起。白起被奸人所害，含冤自杀。当一切水落石出后，秦始皇便赐太原于其子白仲。至此，白氏子孙便与太原结下了不解之缘。

祖父白锽因任职于河南巩县，便想接家人来河南相聚，又见新郑山清水秀，便举家搬迁至那里。于是乎，白氏家族便暂时居于新郑，但是他们仍以太原人自居，乐天亦然。"《白氏长庆集》者，太原人白居易之所作"，他的朋友只知他是太原人，却不知还有一段掩在时光里的故事。

一个人的成长，离不开家族的庇佑，也少不了家族的影响。白氏家族虽属于官宦之家，但却是单寒之族，这样的家族在门第考究的唐朝颇受贵族轻视。可是这样的成长背景，也让乐天少了根深蒂固的铜臭思想，多了温润如玉的气质风范，一切大不相同。

祖父白锽，"善属文，尤工五言诗"，是当时盛极一时的文人，著有深受赞扬的文集十卷。他十七岁时已考取功名，因是明经出身，故官阶不高，先后担任过洛阳主簿、酸枣县令、滑台节度参谋等职。他因清廉公正而闻名一时，于唐代宗大历八年去世，那时乐天不到两岁。

生何因，去何缘，逝者长已矣。刚刚蹒跚学步的小乐天，还不知道死亡是什么，不知道满堂的素白和呜呜的哭泣声是怎样的祭奠，只是那个慈爱的老者已从他的生命中消失了，连记忆也慢慢模糊了。他的祖父，留给他的只是一段空白的想象。

乐天的父亲白季庚，是祖父白锽的长子，父亲与祖父的经历类似，明经及第，历任彭城县令、徐州别驾、襄州别驾等职。虽然乐天的父亲常年在外为官，但在小乐天的印象里，父亲一直耿介不阿，疾恶如仇，并且对唐王朝一片赤诚，以忠贞报国为念。

作为一个顶天立地的男人，父亲对乐天的影响颇为巨大，他不只是他的父亲，也是他的榜样，是他的神。

历史的车轮在转动，有条不紊。我们不知道随风而去的种子归向何方，只是因为不必知道。冥冥之中，一切自有天意。来何因，去何缘，一切不必深去考究，自有时间让答案圆满。

童趣，书香门第

每个人都有天马行空的年少岁月，都有一段不谙世事的无忧时光。一个小小的庭院，一个小小的人儿，关怀备至的母亲温暖慈爱，天真烂漫的心像风一样自由，张开手，握住的是满满的温情和幸福。

在新郑县的乐天，是个无忧无虑的聪慧孩童。他玩耍嬉戏，读词赋曲。簌簌花瓣，漫天轻舞，净水清粼，连成一片浩瀚，留给记忆一杯醇香的桂花酒，将尘世的喧嚣和纷扰一饮而尽。

一卷清丽春归，一片皓陌透晓。虽然乐天不是生于富庶人家，但却长在书香门第，那些泛着芬芳墨香的书卷，与他小小的身躯撞个满怀。

白居易在《与元九书》中这样写道："仆始生六七月时，乳母抱弄于书屏下，有指'之'字、'无'字示仆者，仆虽口未能言，心已默识。后有问此二字者，虽百十其试，而指之不差。"

原来，他与书卷文字的渊源，在六七个月时便开始了。当乳母抱着他在书屏前玩耍时，指着"无""之"两个字读给他听，乐天这个在襁褓中咬着手指的小孩童，虽然还不会走路，也不会讲话，但是心里已经牢牢记下了这两个字。以后无论谁让他辨认这两个字，他总能准确无误地指认出来。

聪慧，于他仿佛是与生俱来的天赋，虽然那时他只会发出哭泣声和嗯嗯啊啊的声音，但心里已然清明豁然，把一切牢记于心。

他异于常人的聪颖，也让深爱着他的母亲满心欢喜，她在亲戚面前毫不谦虚地夸赞自己的儿子。他是她的希望，是她心中的暖阳，是人间最纯粹的天使。

他的童年，便是在母亲的呵护和培养下度过的。父亲常年在外为官，无法常伴左右，外祖母和母亲便承担起了教育他的责任。母亲虽长在内院，但却是很有见识的妇人。她给了他无私的母爱，也给了他很好的教育。

乐天曾经回忆说："又别驾府君即世，诸子尚幼，未就师学，夫人亲执诗书，昼夜教导，恂恂善诱，未尝以一箠一杖加之。十馀年间，诸子皆以文学仕进，官至清近，实夫人慈训所致也。"

她是知礼节的大家闺秀，为人妻人母，性格更是温润如玉。她爱自己的儿子，那是超过一般骨肉至亲的爱，他是她的生命，在她心中，爱他便是爱自己。

她知道什么对儿子是好的，她宠他，却并不溺爱。她是个母亲，给了他血肉之躯的母亲，所以，她也要给他一颗晶莹纯粹的心，给他一腔报国忧民的热血。

乐天三岁时，母亲便开始教他读书写字。她态度和蔼，手把手教他，从不苛责。五岁时，乐天已经开始学习赋诗。在那一年，母亲有了第二个孩子，乐天也有了一个名叫行简的可爱弟弟。

第一眼看到襁褓中弟弟熟睡的脸，他只觉得神奇，原来自己就是从这么丁点儿慢慢长大的，生命真是很不可思议。他喜欢这个弟弟，那小小的样子很是惹人怜爱。

从此他有了玩伴，兄弟二人围在母亲身旁，在母亲的爱和教育下茁壮成长，这也给母亲带来了莫大的满足和快乐。

他说："及居易、行简生，夫人鞠养成人，为慈祖母。迨乎洁蒸尝，敬宾客，睦娣姒，工刀尺，善琴书，皆出于余力焉。"

从《三字经》到四书五经，从诗词歌赋到仕途学问，母亲没有让他错过任何有用的书籍和历练。九岁时，乐天已经谙熟声韵。她示之以正，励之以学，盼其学茂德馨，振藻彤庭。

亲切耐心的母亲悉心教导他，聪慧如他，学习仿佛是一件轻而易举的事。几年来的学习积累的深厚才华，宛如春风化雨，滋润内心，那些光耀门楣、报效国家的伟大抱负，终有一日会浮现耀眼的光彩。

童年有母亲日日相伴，她是他最温暖的依靠。而父亲虽然常常不在身边，但却一直在他心中。对他而言，与其说父亲是权威和严厉的化身，不如说他更像是天空悬挂着的太阳，或是深深的大海。

祖父和父亲在无声无息中熏陶着他的思想，那浓浓的儒家学说、忠贞报国的信念、清正廉洁的思想，在儿时的乐天心中打下了深深的烙印。

祖父白锽虽然在他不到两岁的时候便去世了，乐天对这个老者没有过多的印象，但那些口耳相传的故事却记在了他的心中。"沉厚和易，寡言多可"，是非面前，一丝不苟，辨而守之，为官清正廉洁，颇有善政，并且学之不倦，极具文学造诣。这便是他的祖父，有些陌生，但却让他着迷，他想要成为这样的人。

大历八年五月三日，祖父病逝于长安，父亲白季庚谨遵礼节，辞官回家丁忧。那段时间是小乐天很开心的日子，因为不仅有母亲的万般宠爱，还有父亲的指点和教诲，那是他对父亲最长的一段朝夕相伴的记忆。

只是三年时间一晃而过，父亲服丧期满，被调至宋州做司户参军，并授彭城县令。那时乐天还小，虽然不舍得父亲离开，但懂事的他并没有出言挽留，他只叹时间短促，他只恨时光易逝。

好在母亲一直都在，好在父亲偶尔也会回家，好在他有了惹人怜爱的弟弟行简。他依旧跟随母亲，在新郑的宅院里，平静自在地生活着，快乐自得地生活着……

他的童年，属于这个小小的宅院，长于书香门第，自有属于书香门第的童趣。

羁离，孤飞鸿雁

　　童年的欢乐时光，犹如陈酿的美酒，时间愈长，便愈加香醇。在成长的岁月里，那段快乐的无忧岁月，在灯火阑珊时总能触动那根名为追忆的琴弦。再回首，恍然如梦；再回首，欢乐依旧。当时年少，不知烦恼为何物，也不识得愁滋味，仿佛只要在母亲身边，一切风雨便有人来挡，日子也变得斑斓多彩。

　　有人在唱"我不想，我不想，不想长大"，发自肺腑的声音，弥漫在空气里，充斥在耳边，久久回荡。如果长大后，那个深爱自己的人，便会消失不见；如果长大后，那个自己深爱的人，会变成别个他；如果长大后，要孤身一人离开温暖的家，那么，你还会想要长大吗？你会怀念自己的童年岁月吗？

　　我多想知道他的回答。乐天，当全家一起挥别承载了你整个童年的淳朴小城，你是否有不舍？是否泪眼婆娑？当你独自一人远赴他乡，宛如孤飞的鸿雁，你是否有彷徨？是否心如刀绞？

　　战乱纷扰，带走鲜活生命，带走欢乐幸福，带走宁静安谧。生活原本的平静被轻易打破，骨肉分离，逃亡漂泊。太多太多的无奈藏在心中，分别是命运给生命的选择，人们只能闭着眼睛唱响那首用血泪谱写的歌。

　　乐天生长的年代，便是这样的时代：硝烟弥漫，处处滋扰，近八年之久的"安史之乱"刚刚平息，鼎盛的唐王朝慢慢走向衰落。收安、史余党者，各自拥数万劲卒，各地藩镇势力气焰嚣张，不断扩张，地方节度使也拥兵割据，结为姻亲，相为依靠。

可朝廷不以为意，只是一味姑息，从不加以治理，割据势力气焰更胜，战乱的因子不断膨胀。终有一日，星星之火成为燎原的战火。

常言道：天下大势，合久必分，分久必合。大历末年，唐朝局势更加混乱，藩镇势力气焰嚣张，他们随意敛兵收税，"甚至可以连兵抵制朝命"。各据一方的王侯将相，虎视眈眈，伺机而动。

囊括襄、邓、均、房等七州之地的襄阳节度使梁崇义，占据海、登、曹、濮等十五州之地的淄青平卢节度使，占有恒、定、易、赵、深、冀六州之地的安禄山旧将李宝臣，"虽曰藩臣，实无臣事"的魏博节度使田承嗣，再加上肆虐狂妄的西北少数民族……他们不断挑起事端，朝廷已处在岌岌可危的境地。

唐德宗建中二年，一些藩镇势力公然打出反唐的旗帜。朝廷终于意识到藩镇的野心，那年正月便派兵分两路征讨李宝臣之子李惟岳及继任的魏博节度使田悦。六月，朝廷又出兵征讨襄阳节度使梁崇义，刹那间烽烟四起。那一年小乐天九岁，父亲白季庚正任彭城县令。

七月，淄青平卢节度使身亡，其子李纳拥十万精兵，支援魏博节度使田悦。那时李纳的族叔李洧在距离彭城县城几步之遥的徐州担任刺史。一心想要报效朝廷的白季庚得知此事后便马不停蹄地前去拜见，他晓之以理、动之以情，陈述利害，劝其以国之利益为重，尽快悬崖勒马，举州归朝。

李洧感之，派摄巡官崔程上朝请奏。皇上龙颜大悦，当即便加封李洧为御史大夫，并派兵将救援徐州。

朝廷不费一兵一卒得徐州安定，当归功于乐天这位忧国忧民的父亲白季庚。德宗赞其孤勇智谋，升其为徐州别驾。

一波还未平息，一波又来侵袭，积蓄已久的藩镇势力，如洪水猛兽般，在唐王朝的大海里翻转出千万层波浪。唐德宗建中三年十月，一道圣旨，各路大军一齐进发声讨李希烈。可是猖狂的李希烈丝毫不以为意，更是冠己"天下都元帅"之名。次年元月，他攻陷河南汝州，又于年底攻克汴州，唐军节节败退。

一切都没有结束，被硝烟笼罩的河南，凄然惨淡，人心惶惶。新郑县，这个淳朴的小县城，离已然沦陷的汴州很近，不知何时，那纷飞的战火便会蔓延至这座小县城，蔓延至这个洒满乐天欢声笑语的小小院落。

离开便这样埋下了伏笔，战乱太过无情，生命又太过娇贵，想要保护全家之周全康健，除了远远避开那祸乱的地点，白季庚还能做何选择呢？唐德宗建中四年，白季庚在自己辖区的符离埇口觅得暂居处所，便带河南一干亲眷，离开了被战火烧红了半边天的是非之地。

那一年，乐天十一岁，他随着父母兄弟，带着童年的美好记忆和依依不舍的心情，挥别了那座充满欢声笑语的新郑小县城，挥别了那段无忧的童年时光。

还是会不舍，当他坐在摇晃着的马车上，听着嗒嗒的马蹄声，内心酸涩不已。他掀开车帘，望着那渐渐远去的土黄色城墙，在马蹄扬起的灰尘中，泪眼朦胧。

再见，他在心里默默地喊了一遍又一遍，那从指间流淌的时间，请停止残忍，不要把再见变成再也不见。

符离也是座清幽恬静的小城，这里风景秀美，山水如画。城南有缓缓流过的汴河水，西北有浩荡的濉河，城中有碧波粼粼的陴湖。小小的城，汉港纵横，鸟类飞舞。十一岁的乐天看到这样的美景欣喜不已，暂且丢下了离开新郑县的哀愁。

还好，那时他只有十一岁；还好，母亲兄弟一直在他身边，并离父亲又近了一步；还好，温情仍然在他身边，不增不减。

只是这份"还好"的幸运还能持续多久？残酷的战争，带走沸腾的热血，徒留冰冷的眼泪……

符离也只是暂时安定。周围的战事愈演愈烈，不知这易攻难守的符离还能和平几许。战乱的年代,一个无扰的安居之地,竟成了最大的奢求!

很快,符离也变得岌岌可危,已无法保证白家的安全,可是白季庚不能离开,他怀着一腔报国热血,决不能弃城而逃。他牵挂的,只有他的孩子们,他又如何忍心让他们在战争的炮火中噩梦连连,他又如何在这战乱的年代里护他们周全,他们还只是不谙世事的孩童啊!

这是个艰难的决定,一个不得不做的决定——送子离开。哪怕千里之外,哪怕骨肉分离,哪怕散落天涯,他也要护他们周全,保子嗣无忧。

在一个昏暗迷离的夜晚,他强压住那不断袭来的悲伤,用毋庸置疑的口吻要乐天离开,去江南一带躲避战祸,那里有自家的一些亲戚,他已为儿子安排好了所有的事。

这时乐天只有十一岁,那还有些稚嫩的脸,望着远方未知的道路,内心忐忑,那是对未知世界本能的恐惧。苍茫大地,冰冷刺骨的空气席卷了一切绿色与温柔,他望着母亲眼中含着的泪水,眼泪再也止不住地滴落在坚硬寒冷的土地上。他不敢回头,向江南的方向迈开步子。

羁离,他是孤飞的鸿雁,向着未知的方向挥动着稚嫩的翅膀,一个少年,一座古城,一抹远去的背影,还有那漫山遍野的苍茫与悲怆……

"关河千里别,风雪一身行。"从此,他不再是长在母亲身边的幸福少年。漂泊,在他的昂扬青春里留下了不可磨灭的记忆。

第二章

千里别，风雪一身

十年，凄凄南柯梦

第一次离家远行，第一次漂泊在外，他还只是稚嫩的孩童，却不得不用大人的神态武装自己，坚毅地走在路上，把思念埋在心间，把心事锁在骨髓的最深处，不让人轻易触碰到那片柔软。

白家并不是什么名门望族，也不算什么富贵人家，父亲白季庚兄弟五人，大都是七品的小官，生活并不十分富足，但可保衣食无忧。乐天在叔伯兄弟间排行二十二，他小小年纪，避难江南，投靠的是任溧水县令的从叔父白季康，以及他任乌江主簿的十五兄，还有其他一些在江南任职的白氏族人。

同为白氏族人，他们给了乐天很好的照顾，给他提供了不错的物质条件，但他们到底只是素未谋面的陌生人，如何抵得上十一年来关怀备至的父母至亲？乐天日日思念着远在符离的父母兄弟。

可是他回不去。北方的战争仍在继续，如火如荼。那年十月，朝廷派遣增援襄城的五千泾原军在途经长安时发生兵变，唐德宗于仓皇间出逃，泾原军首领占据长安称帝。十二月，李希烈攻陷汴州。这一切对唐政权来说无疑是雪上加霜。

德宗兴元元年正月，王武俊、李纳、田悦见称王并无多大利益，便自去王号，归顺唐朝，恢复唐职。只是这并没有给乐天带来多少归家的曙光。二月，一位名叫李怀光的朔方节度使叛唐，北方重新陷入战乱的旋涡。

他只得继续留在江南，只是这一留，便是十年。十年，在这未经战乱的远方，在这一派繁荣的富庶地，他无心喜欢西子湖总相宜的淡妆浓抹，亦无心赏钱塘江"云树绕堤沙，怒涛卷霜雪"的大气磅礴，更无心观虎丘山的"江南丘壑之表"。

楼台亭阁，小桥流水，一座座巧夺天工的杰作，一幅幅湖光山色的优美画卷，这赢得"上有天堂，下有苏杭"美誉的江南水乡，却无法填补一颗漂泊他乡的空虚少年的心，无法慰藉羁离之苦，只会常常勾起他无限的乡愁。

故园望断欲何如？楚水吴山万里余。

今日因君访兄弟，数行乡泪一封书。

那一年，他十五岁，写下了这首《江南送北客因凭寄徐州兄弟书》，诗中寥寥数言，却凝集着化不开的思乡之情，映照出江南游子内心的苦闷与惆怅。

故园的风景被绵延万里的楚水吴山阻隔，至亲骨肉，天各一方。孤单旅居江南的少年，抬头北望，却再也见不到那熟悉的天空、熟悉的景致、熟悉的人。那亲近的家乡人，在哪里才能寻到归处？只能靠鸿雁传书，聊寄思乡之意。

长在书香门第、从小便接触诗词歌赋的乐天，仿佛天生就有用诗文托怀的才华。漫游江南十年间，他观百姓疾苦，阅博文诗书，情到深处便挥洒点墨，一首首文采与情感兼具的诗作便应运而生了。

那时他只是一个无名的小孩子，虽然才华横溢，却无法出人头地。韦应物、房孺复等任职于江南的大文豪，让乐天很是羡慕，他多想与他们一起，把酒言欢，赋诗写词，抒发情怀，但却苦于自己只是个无名小卒，一直寻不到契机。

他曾在宝历元年所作的《吴郡诗石记》中写道："贞元初，韦应物为苏州牧，房孺复为杭州牧，皆豪人也。韦嗜诗，房嗜酒，每与宾友一醉一咏，其风流雅韵，多播于吴中，或目韦、房为诗酒仙。时予始年十四五，旅二郡，以幼贱不得与游宴，尤觉其才调高而郡守尊。以当时心，言异日苏、杭苟获一郡足矣。"

因其幼贱，不能与敬仰思慕的文豪游宴。那一刻，乐天知道出人头地何其重要，他要出人头地，哪怕谋得苏、杭一郡也足矣。游历江南，他慢慢改变，慢慢开始知道进士之名，慢慢想要苦读诗书。

他有一首《望月有感》，诗云：

> 时难年荒世业空，弟兄羁旅各西东。
> 田园寥落干戈后，骨肉流离道路中。
> 吊影分为千里雁，辞根散作九秋蓬。
> 共看明月应垂泪，一夜乡心五处同。

人隔五地，明月共对，五处相思，同一情怀。这是一个思乡的日子，亲人们一定在各自所在的地方思念着彼此。就像李白的诗句："举头望明月，低头思故乡。"家是一个让人温暖的地方，而那里最让人留恋的不仅仅是关于山山水水的记忆，更是与亲人们朝夕相处的那份亲情。

离家之后才知道珍惜相聚的时刻，年少轻狂，不知道家人的可贵。弟兄们从小一起长大，从来没有别离这么久，不知道他们过得是否安好。

不如归去，可是如何归去？十余载，泪沾巾。多少次午夜梦回，乐天总是在恍惚间不知身在何处，不知家在何方。

山清水秀的江南温柔地，吴侬软语，却化不开乡愁，解不掉思念，而在病中时，这份思念便愈加迫切，愈加强烈。

> 感时思弟妹，不寐百忧生。
> 万里经年别，孤灯此夜情。

> 病容非旧日，归思逼新正。
>
> 早晚重欢会，羁离各长成。

这首《除夜寄弟妹》便是乐天于病中所写。那份细水长流的忧伤之感，深深刻在这首诗里。他因思念不能寐，导致百忧生，又因百忧生，滋生出更加绵延的思念，不知何时才能重新相见，他在等着相见的那一天。

漆黑的夜，让人看不见尽头。太阳渐渐落下去的时候，黑暗就开始侵袭着世间的一切，它无孔不入，没有任何一个角落可以拒绝黑暗的光顾。只有那微弱的烛光可以给恐惧的人带来些许安慰。

他曾经收到家里的信笺，得知母亲又生下了一位幼弟，取名白幼美，小名唤作金刚奴。那时他还小，不知金刚奴为何意，但却对弟弟的小名儿很感兴趣，他专门查阅书籍，才知道"金刚"意为"金中最刚"，有牢固、锐利、能摧毁一切之意，是佛教中的一个护法天神。"奴"字多指女子，但也可以形容小男孩儿。

他对这个比自己小十几岁的弟弟很感兴趣，他多想回家去，去逗一下这个刚刚来到人世间的幼弟，摸摸他胖嘟嘟的小手，亲一下他粉嫩的脸颊。可是北方的战事仍在继续，他不能回去，他回不去。

这份无能为力的思乡之情，总是在夜深人静时向他袭来。他多想大醉一场，忘记那让人窒息的苦闷，哪怕是暂时忘记也好。但是"抽刀断水水更流，举杯销愁愁更愁"，酒醒时分，那思念更加来势汹汹，让他毫无招架之力。

> 江海漂漂共旅游，一尊相劝散穷愁。
>
> 夜深醒后愁还在，雨滴梧桐山馆秋。

酒精，只能给人片刻的麻醉，终究无法冲开积在胸中的愁绪。深夜酒醒，愁思仍在，不消反增。如何才能抑制住这份怀乡恋家之情？如何才能排解心中的苦闷？如果一切的一切只是南柯一梦，那该多好。

只是一切都不是梦。旅居江南十载，他无时无刻不在思恋着自己的亲人与故土，奈何兵荒马乱，交通不便；奈何经济拮据，返乡之愿难遂。他无奈，他苦闷，本是翩翩少年，却不能过得开怀，再加上体弱多病，他的心更是凄凉一片。

但是这份凄凉，这段长期的漂泊岁月，使他接触了生活在社会最底层、苦苦挣扎的劳苦大众。他把他们的疾苦看在眼里，对他们有着深深的同情。而这份同情，在他的人生阅历中慢慢升华为一份更加深沉的情感，成就他写出了大量反映民生疾苦，为劳动人民呼吁、控诉的诗文。

人只有经历挫折才能变得更加成熟。有人说：幸福与不幸相伴而生，对待事情的态度决定了结局。他深入而广泛的社会接触，他深刻的现实体验，使他很早便没有了稚气，长成了深邃的男子。世事万千，一切皆在变化之中，历史的车轮碾过，从来都不会留下任何痕迹，我们看见的永远都只是结果。

生逢乱世，总有些无可奈何的凄凉，十年的苍凉，十年的成长，十年的形单影只，十年的离群孤雁。漂泊在他乡的人儿，就像池塘里的蓬草一样，随着秋风摇荡，不知道什么时候能够停止。多少个日日夜夜，他只希望这一切能够快一点儿结束，他只希望团圆的日子快些来临。

只有经历了刻骨的生离死别才知道生命的可贵，只有经历了战乱才知道和平的美好。十年，他的那颗漂泊已久的心染上了太多风霜，可是那颗心仍然在炙热地跳动，那里写满了对团圆的向往，写满了对和平的渴望，写满了至爱大义。

长安，初至荟萃城

长在流离岁月里的少年，漂泊在世间，任云卷云舒，看沧桑变化。

十六岁，热血的年纪，翩翩的少年，心里装着的总是满满的梦想和抱负。那一年，乐天怀揣着憧憬和希望，来到了唐朝国都——长安。

他不是名门之后，也没有深厚的背景荫庇，更没有财力铺平前路。他只是长于小户人家的儿子，父亲只是名不见经传的小官，没有多大的权势，也没有什么影响力，虽可保衣食无忧，却再不能给予他太多别的东西。功成名就，凭借的只能是他自己的才华和奋斗。

孤身一人在江南的日子，使他睿智和成长。他和那些空有抱负、高谈阔论的年少公子不同，他知道机会的重要和现实的残酷，他懂得如何为满腹的才华寻一个用武之地，他要到繁华的都市去，到一个人才荟萃之地，施展经纶之才，期待遇到一位识得千里马的伯乐，给予自己实现"兼济天下"抱负的机会。

那时自封为"天下都元帅"的叛军首领李希烈已被部下毒死，于是他趁着淮西战事渐渐平复，趁着那根紧绷的战争之弦稍稍松弛，前往那繁华的国都，进行一段追梦之旅。

当时的长安城，流光溢彩，是名副其实的繁华世界。那里的巷弄街道，纵横交错；那里的楼阁宫殿，星罗棋布；那里的房舍屋宇，鳞次栉比；那里的红男绿女，意气风发……

那里不只是唐王朝的国都，更是一个国际大都市。按行业分类的有秩的商店，琳琅满目间写满豪华：绫罗、锦缎、刺绣，华丽间透着大气；铜器、铁器、陶瓷，精致间透着特色；还有古董店陈列的各朝各代的稀奇宝贝；不远万里从西域运来的葡萄等少见水果……一切应有尽有，想到的，想不到的，都可以寻到踪迹。

从淳朴的新郑小城，到秀美的符离小镇，再到山清水秀的江南水乡，他看惯了小家碧玉的静谧闲适，第一次来到这熙来攘往的长安城，迎面的气息给他陌生、新奇、兴奋之感，原来这便是天子脚下的皇城名都，这便是名不虚传的荟萃城。

只是他不能沉醉在这令人炫目的繁华间，这里的热闹，这里的车水马龙，这里的喜笑颜开，熙攘欢乐，都与他无关。他看着轿子里在人流中穿过的夫人，看着骑着骏马飞驰而过的壮士，看着敲锣打鼓热闹经过的送亲仪仗队，突然觉得空添了几分寂寞，只因这里的热闹没有属于他的一份。

他一个人走在这人来人往的大街上，偶尔停下来看看，那是一种闹市之中的孤独，因为一切的热闹都与自己无关，他仿佛只是这热闹中的局外人。没有人知道他的存在，也没有人在意他的喜怒哀乐，他就只有自己，一个人走在长长短短的巷子里。

他想要成为这份繁荣的局内人，他想要在这个国都站稳脚跟，在出仕入仕间有所成就。初至荟萃地，他要寻的便是这样一个契机。

他要去拜谒当世享有盛名的大诗人顾况。顾况，一个才华横溢的名士，宰相李泌的挚友，朝廷的著作佐郎，掌管着国史编撰和重要文件起草的工作，在朝野间也极负盛名，求访之人常常踏破门槛。只是他是孤傲清冷的性子，对徒有虚名的攀附之徒瞧不上眼，虽然宅院常常门庭若市，他却很少赞誉他人。

乐天神色庄重，仔细地整理衣袍，小心翼翼地把要带去的诗文藏在袖筒里。

他想要得到这位前辈的指点，也想要得到这位名士赏识的荣誉。只是他知晓顾况的秉性，内心不免带着几分忐忑。

他只是初出茅庐的少年，虽有几分初生牛犊不怕虎的孤勇，但终究容易让人瞧不起。当顾况听到一副谦逊之色的来者名曰"白居易"时，便戏谑道，"长安米贵，居大不易"。

顾况的不屑之意溢于言表。一个无名后生，居然敢叫"居易"二字，是不懂生活的艰辛还是不知存活的不易？京城长安，物价昂贵，在这里居住谈何容易！

乐天将那戏谑之言真真切切地听在耳里，却恍若不知其中的调侃之意。他拱手鞠躬，表现得更加谦逊，但颇有几分不卑不亢地说："大人说的是。不过，我这次来长安并无久居之意，只是为了向大人献上拙诗，敬请大人不吝赐教。"

说话间，他从袖筒里拿出早就准备好的诗稿，毕恭毕敬地呈到顾况面前。他知道顾况虽然孤傲，但却是爱才之人，只有出彩的诗文才能让那不屑的戏谑之言不攻自破。

顾况随意地翻阅着诗稿，很是漫不经心，但当他看到那首《赋得古原草送别》时，眼睛璀璨生辉，不知不觉间已吟咏出声：

离离原上草，一岁一枯荣。
野火烧不尽，春风吹又生。
远芳侵古道，晴翠接荒城。
又送王孙去，萋萋满别情。

他仿佛看到了那郁郁葱葱的小草，虽然曾经被人践踏，被寒冷摧残，被烈火焚烧；虽然曾经荒凉一片，受尽折磨，最后被茫茫的白雪轻轻掩藏，但春风吹过，又是一番极富生命力的景象，宛如雄赳赳、气昂昂的百万雄师，既有柔弱的美丽，又有侵蚀万物的气魄。

这首送别诗，白居易用朴实的语言娓娓道来。用春草繁茂，指友人间的绵绵深情；用古原野草倔强求生，指自身的顽强不息。全诗言简意赅，用典贴切而巧妙，极好地显现了他卓越的才华和顽强的秉性。

对眼前的少年，顾况仿佛懂得了几分，原来他并不是虚有其表的公子哥儿，当即对他刮目相看。

顾况说："白公子有如此高的诗才，写出这样的诗句，不要说久居长安，就是久居天下又有何难！老夫刚才的话不过是句玩笑话，请白公子不要介意。"

风儿轻轻地吹动着小树，嫩绿色的新芽开始慢慢冒出小脑袋，蠢蠢欲动，准备长出翠绿色的枝条和新叶。春雨贵如油，细细的雨，轻轻地落下，就像是水汽一般，有时候甚至感觉不到这是在下雨。

在顾况的赞誉下，白居易的诗名开始大著于世。他找到了那个契机，在荟萃城长安的首次亮相非常之成功。顾况身边的朋友也开始知道这个才华横溢的年轻人，他以后的前途自是不可限量。

顾况的赞赏对乐天的年轻心灵来说是莫大的鼓励。他更加发奋学习，为了实现自己的理想一直坚持每日挑灯夜读，不敢有所懈怠。

十七岁那年，乐天作了《王昭君二首》，没多久便在长安城广为流传。人们争相传抄，更使他名噪一时。那年夏天，长安城天气热得很是高调，聒噪不已的蝉，倦怠的树木，盛夏以不可阻挡的气势汹汹而来，就算空坐在房间里都会汗流浃背。

相传，难耐酷暑的乐天很需要冰块降温，奈何冰块在炎热的天气下极其抢手，价格也很是昂贵。他并没有太多钱财买冰块，但卖冰者认得他，也仰慕他的才情，便任其装取，分文不收。他如孤雁般飞临繁华地，如今，这天子国都下的热闹终于有了他的一份，他成了长安人很是喜爱的年轻诗人。

一切开始慢慢走向正轨，只是生活艰苦，再加上不分日夜的刻苦攻读，终于，劳累拖垮了他的身体。来到长安城的第一个除夕，热闹的都市更加热闹，只是这份热闹却触动了他心里最脆弱的地方。"每逢佳节倍思亲"，华灯初上的夜晚，他因病无心出游，只能靠家书慰藉一颗失落的心。

> 喧喧车骑帝王州，羁病无心逐胜游。
> 明月春风三五夜，万人行乐一人愁。

他叹了口气，挥笔在展开的宣纸上写下这样的诗句，这一刻，初来长安的那份寂寥感重新回到心间。

十八岁，转眼将是弱冠之年，只是这一年，乐天生了一场大病，这场大病几乎夺去了他的生命。他无奈地写道："久为劳生事，不学摄生道。年少已多病，此身岂堪老。"

本是壮志华年，本应意气风发地奔走奋斗，可他却只能在床上辗转，这是何等之孤独，何等之沮丧！

长安城这样的繁华之地，乐天这一介清贫书生想要长久居住，是何等不易？这时他接到了父亲的家书，原来，战乱之下家里的生活日渐拮据，已无足够的财力维持他在长安的开支。

灾荒连年，物价飞涨，繁华的都城只剩浮夸的表象。此时此刻，在冷酷的现实面前，他终于真正体会到了那所谓的"居大不易"。那份打落牙齿往肚里吞的苦涩滋味，真可谓五味杂陈。

他终于明了，"中朝无缌麻之亲，达官无半面之旧"，在这荟萃城里，仅仅凭借才情诗德，没有仕途功名，很难功成名就。五尺男儿，却仍要家人供养，他只觉惭愧难当。

初至长安，他内心激荡，带着满怀的憧憬。可如今，他要离开了，长安城记住了他的名字，只是过不了多久，这名字便会湮没在熙来攘往的潮流之中。

总有一天，他还是会回到这繁花似锦的荟萃城，带着真正的功名。

归家兮

人言落日是天涯，望极天涯不见家。

已恨碧山相阻隔，碧山还被暮云遮。

游子的一颗思乡之心，谁人能懂？伊人醉，梦里千遍轮回，只恨时光难退。想念，有时候宛如冬日的暖阳，让人心生渴盼，这份渴盼，有时会像脱缰的野马，一心只向着家的方向狂奔。

德宗贞元四年，白季庚在徐州的任期已满，朝廷便将其派遣至江南改任检校大理少卿兼衢州别驾。乐天刚从长安城回到江南，便收到家书，得知父亲即将南下的消息。那一刻，他怔了许久，仿佛无法解读父亲洋洋洒洒的文字间传达的意思。

父子情，相思意。一晃间，未见亲人面已有六个年头。六年，说长不长，但其间的岁月却是难挨的分分秒秒。乐天百感交集，从此以后，他不再是孤身一人，父亲即将来到他的身边。

父子的相聚，在他的梦里演练了太多太多遍，只是幸福来得太过突然，来得太过真实，猝不及防间，触动了他心中最柔软的角落。他多想让父亲看到自己这六年的成长，六年的阅历，六年的学识，六年的人生思考，还有六年的报国之志。

他的心回归到从前，仿佛找到归属般放下了所有的防备。原来在父亲面前，他仍然是那个稚嫩的孩童，他只想让父亲看到一个让父亲欣慰骄傲的儿子，只想把六年来自己一切的一切都一股脑儿地倾诉给自己最最亲爱的父亲。

他急切地拿出在长安城广为流传的《王昭君二首》给父亲看，这一刻，他只是一个儿子，他只在乎父亲的看法，只想得到父亲的赞誉，哪怕只是只言片语。

满面胡沙满鬓风，眉销残黛脸销红。

愁苦辛勤憔悴尽，如今却似画图中。（其一）

汉使却回凭寄语，黄金何日赎蛾眉。

君王若问妾颜色，莫道不如宫里时。（其二）

这是他第一次以诗文评价历史人物，字里行间透着的哀怨，仿佛如他亲身经历般深刻。瓦蓝的天空，洁白的羊群，还有牧羊人时远时近的歌声；一抹绿色静静地蔓延着，几缕青烟飘在偌大的草原上，显得那么孤独；淡紫色的纱衣随着舞步轻轻飘起，又落在草地上……

碧绿的簪子，繁花盛开般的容颜，她是草原上的仙子。时间从脸颊和指尖流过，留不住。容颜渐渐失去了色彩，不知从哪一天开始，镜子里的人不再年轻貌美。是风沙盗走了她的美丽还是忧伤抢走了她的光彩？

他实写昭君不愿留在荒芜之地，却不真正点破，只道昭君在盼望着君王相赎，却毫无怨言，反而怕君王为自己难过；只道她叮咛汉使的言语，"君王若问妾颜色，莫道不如宫里时"。

后世有太多描写昭君的诗句，赞她绝世美貌，写她远赴他乡和亲的哀怨。但白居易目光如炬，另辟蹊径，着眼于昭君和亲之后的生活。那时候，她只是一个在塞外盼望着回家的平凡女子，但是那个第一眼看见她便惊艳万分的帝王早已经想不起曾经有一个柔弱的女子给整个国家带来了和平。

或许他知道，以和亲之名远嫁塞外，是昭君不能摆脱的宿命，所以他写她，只哀不伤。这个沉鱼落雁、闭月羞花的女子，就算洗尽铅华，依旧是动人心弦的，这样的女子，受尽苦难只为成就那抹让人世世代代铭记的美丽背影。他只用寥寥数语，便使王昭君怨而不怒、哀而不伤的形象跃然纸上。

白季庚见乐天已经开始用温柔敦厚的儒家诗教观来评判历史人物，颇为欣慰。他知道这六年的岁月，儿子已长大成人，几年的游历和辛苦，成就了如今颇有见识的乐天，他打心眼儿里觉得高兴，也为儿子自豪。

父亲任衢州别驾的日子，虽说不能与乐天日夜相伴，但终究算是有至亲伴在身边，他的情感有了依托，心灵得到慰藉，不再如从前般惶然孤独。另外，父亲还在经济上给予他资助，他又可以像在长安城那样，一边漫游，一边学习。

德宗贞元七年初春，他刚刚结束一段游学旅程回到父亲身边，望着父亲略显苍老的容颜，蓦然想起故乡慈爱的母亲，想起可爱的弟弟们。母亲是否已长出白发和皱纹，弟弟行简是否挺拔了身姿长成睿智的少年，从未相见的幼弟金刚奴，是否知道他这个一奶同胞的哥哥……

他的思乡之情经过沉淀，愈加浓烈，难以压制。虽然他只在秀美的符离住了不到一年，但那里有自己的母亲，有曾经生活过的院落，便成了记忆中挥之不去的家。十年前，他在那里的甬道挥别泪眼婆娑的母亲，十年后，他多想踏着曾经的路回到那朝思暮想的家。

十年，回头望时，只觉恍然如梦，只是各种滋味，萦绕心中。十年前，他只是个懵懂孩童，稀里糊涂地离家远走，可如今，他已二十有余，长成了一副大人模样，懂得了什么是爱，什么是亲情，什么是责任，什么是光宗耀祖，什么是报国酬志……

十年，可以改变许多，沧海变桑田，小苗变大树，世事变幻无常，可以永恒的唯有情与思念。阔别十载的家，他对它的眷恋依旧强烈，这份强烈的眷恋促使他创作了一首首动人的诗，画出了一个个动人的音符。这一年，他便在这愈加炽烈的思念中，写下了这首名为《江楼望归时避难在越中》的著名诗作。

> 满眼云水色，月明楼上人。
>
> 旅愁春入越，乡梦夜归秦。
>
> 道路通荒服，田园隔虏尘。
>
> 悠悠沧海畔，十载避黄巾。

初春际，明月夜，身处异乡的游子，独上高楼，眺望处，云水之色，漂泊间，愁思满怀。本是繁花似锦时，春意满怀，却奈何旅居他乡，失意满怀。兵连祸结，如何归家，只得在那一场场勾勒的夜梦之中，那归乡的道路，那路边的田园，那幽幽的沧海，一遍遍在梦中浮沉。

远在千里之外的人儿啊，你们还好吗？他抬头看见那轮明月，心中丝丝酸楚。日升日落，月缺月圆，可以等待，可以期望，可是逝去的时间却再也无法回头。那些想要的景致，如果只能存在于记忆的最深处，是否太过伤感，太过无可奈何？既然耐不过时间，又斗不过生死，那默默忍受下的苦还有多少意义？

那就归去吧，既然思念已经如此深沉，人生已经没有多少个十年用来想念和等待，"流光容易把人抛，红了樱桃，绿了芭蕉"。

恰逢父亲在衢州任别驾的时间已满，朝廷还未下旨指明下一个任职地点，如此一来，父子二人便借此之机，一同北上，回到那阔别已久的符离埇口家中。

北风吹，黄沙漫天，原来故土早已不复旧日模样。近乡情怯，他百感交集，曾经和着泪水送别他的母亲，是否仍在十里之外的黄沙中等待着自己？行简长成什么模样了？他是否仍会追在自己身后亲昵地唤哥哥？幼弟金刚奴又是如何的光景？

他想着，想着，脑海里盈满的却只是旧时的人、旧时的时光，仿佛时间停滞，没有向前走过那么远。十年的间隙太大，他想象不出现下的光景，也不敢想象现实的光景。

父亲看着他不安的神色，没有言语，只是拍拍他的肩膀，露出笑容。

那笑容透着了然和鼓励。原来父亲一直都懂得。那如潮水般袭来的不安，又如潮水般退去，他找到了那份归家的真实感，他已行走在归家的路上，随着欢快的鸟儿飞翔。

归家兮，归家兮。

重逢处，符离小记

跋涉千里，风餐露宿，他又见着了符离城北的那片田园。他的家，便在这座因符离草而得名的小城。

举目远眺，他只感物是人非，一片寂寥。田地上已经长满了杂草，附近的村落也已经没有了人烟，以前的繁荣景象早已消失。山河破碎，人人自危，祖宗留下的基业，早已成为昨日的辉煌。

行走在大大小小的路上，看着满脸疲惫、携家带口匆匆赶路的人，他只觉温馨，禁不住感叹骨肉亲情的力量。无论生活如何变化，只要大家彼此依靠，相互照顾，便总能找到新的方向。

突然之间，他只想快马加鞭，快点归家。北埇城，南汴河，漕运码头，舳舻之会，这军家必争之地的符离，本与乐天何干，他不在乎，也无须在乎。只是从十一岁举家搬到这里的那一年起，他便开始在乎，他的母亲、兄弟生活在这里，这里的繁华与没落便与他有了千丝万缕的关系。

归家兮，不日之间，家已离自己不远。白居易跋涉北上，回到符离的家中，那里有等待着他的母亲和两个弟弟，家终于不再只是记忆中如符号般的字眼。

跨进家门的刹那，喜出望外的母亲早已迎了出来。她细细端详乐天，眼泪如断了线的珠子般掉个不停。那个在自己身边撒娇卖乖的孩童，早已长成棱角分明的大人，染了风霜的眼神如炬，她心疼这样的儿子。

乐天也在细细打量母亲，在自己慢慢长成男人的时间里，母亲的双鬓已染上青白，额头也已有了浅淡的皱纹。原来母亲也开始苍老，不复当年模样了。

"慈母手中线，游子身上衣。"他想起小时候自己生病时，母亲便会担心地守在床前，不眠不休，生怕自己会有闪失。他想起自己孑身一人漂泊他乡时，母亲的家书只说家中一切都好，勿挂念，却从不忘叮嘱自己注意身体，不要太过劳累……

母亲这样无悔无怨地付出着，从来不求回报。而自己，却从未在母亲身边尽过一点儿孝心，每每想到这里，他都深感惭愧。望着母亲被泪水打湿的惨淡容颜，他内心阵阵酸涩，那句卡在喉头的"娘"，他唤得百感交集。"娘，儿回来了！"话未说完，泪已如雨下。

"娘！十年来儿子不能承欢膝下深感惭愧，请受儿子一拜！"他慢慢跪下，叩首，再叩首。一切都不是梦境，他已归家，回到母亲身边。

他看到母亲旁边略显拘谨的弟弟们，那个明眸皓齿的翩翩少年便是当初跟在自己身后不停叫"哥哥，哥哥"的行简吧，另一个绑着小小发髻，偎在母亲身边的稚嫩孩童便是从未见过的幼弟金刚奴吧。迎着他的目光，两个弟弟拱手唤声"哥哥"，他再次热泪盈眶。

他想起小时候的光景，金秋时分，落叶纷飞，他与弟弟在榕树下摇头晃脑地背书，可是一颗心早就跑到了那泛着香甜气息的果园。一个眼神交换，趁母亲不注意，他们便溜了出去，在果园里玩乐摘果，笑着闹着，好不畅快。

虽然有时候，也会因为贪玩遭到母亲责罚。但现在回想起来，那责罚也像蜜饯般让人怀念。儿时的一切都太过美好，儿时的趣事是人生之中最纯美的回忆，无意间想起，一幕幕，仿佛发生在昨日。

曾经，他只能用饱含深情的诗句来表达对亲人的眷恋，只希望有一个午后，能与父母兄弟促膝长谈，共享天伦。如今，重逢处，父母兄弟围绕，他有几百个日日夜夜，向母亲诉说衷肠，与父亲共话情意。

十载漂泊，十载漫游，十载所见所闻所历，他增了阅历，长了见识。苏州韦应物、杭州房孺复的体面与荣耀，长安城顾况的讽刺与称赞，让他明白，唯有刻苦攻读，参加入仕考试，才能出人头地，成就功名。

他与母亲畅谈自己的鸿鹄之志，报国之愿，告诉她自己要勤修于学，走科举之路。母亲听后，很是安慰，她知道儿子乐天是心怀天下、肯于苦行的孩子，她要在背后用最深沉的母爱给予他最大的支持。

回家后，他不再躁动不安，不再孤寂难耐，一颗心慢慢沉淀安稳。但是他没有流连于符离的山水美景之中，也没有沉醉在父母兄弟的浓浓情意之中，他开始埋头苦读，严于律己，不肯有一丝一毫的放松。

后来在写《与元九书》时，乐天回忆起这段生活时说：

"二十已来，昼课赋，夜课书，间又课诗，不遑寝息矣。以至于口舌成疮，手肘成胝，既壮而肤革不丰盈，未老而齿发早衰白，瞀瞀然如飞蝇垂珠。在眸子中也，动以万数，盖以苦学力文所致，又自悲矣。"

因昼夜苦学，不遑寝息，他上火消瘦，"口舌成疮，手肘成胝""未老而齿发早衰白"。母亲把一切都看在眼里，她虽然知道"吃得苦中苦，方为人上人"的道理，也真心为儿子的刻苦勤奋高兴，但儿子憔悴无神的模样却让她很是心疼。她不忍打消儿子的积极性，只能在饮食上多下些功夫。

有时，她也会劝乐天稍微休息一下，和朋友一起去清秀山水间散散心。可是物以类聚，人以群分，与乐天相交好的朋友皆非贪玩之辈，他们在一起也只是讨论读书方面的事。

十年后，乐天写了一首名为《醉后走笔酬刘五主簿长句之赠兼简张大贾二十四先辈昆季》的诗篇，描述了他与三五好友一起生活的情景：

刘兄文高行孤立，十五年前名翕习。

是时相遇在符离，我年二十君三十。

得意忘年心迹亲，寓居同县日知闻。

衡门寂寞朝寻我，古寺萧条暮访君。

朝来暮去多携手，穷巷贫居何所有。

秋灯夜写联句诗，春雪朝倾暖寒酒。

陴湖绿爱白鸥飞，濉水清怜红鲤肥。

偶语闲攀芳树立，相扶醉蹋落花归。

张贾弟兄同里巷，乘闲数数来相访。

雨天连宿草堂中，月夜徐行石桥上。

我年渐长忽自惊，镜中冉冉髭须生。

心畏后时同励志，身牵前事各求名。

……

　　朋友，是一个怎样的字眼？光影下的午后，或许是偶然，又或许是注定，灿烂的阳光穿过树叶留下斑驳的影儿，他们有了相遇的契机，再加上志趣相投的把酒言欢，刘五、张贾弟兄、张彻、贾餗等人，便成了他在符离不可多得的好友，偶尔聚首，谈古论今，自有属于他们的惬意。

　　他们这伙人年龄颇有些差距，刘五已是三十而立，而乐天只有二十出头。可是年龄从来都不是问题，惺惺相惜间，他们成了不分彼此的忘年之交。刘五住在一座颇为萧条的古寺，乐天喜欢那里，常常去寻他，偶尔碰上雨天，便会留宿在古寺的草堂，一来二去，乐天也生出些许禅意。

　　好友间的缘分，从来都与年纪无关。

　　有家，有友，虽读书苦累，但他只觉生活安稳，甘之如饴。只是岁月流转，流年纷飞，在符离的日子，不知不觉间跑得飞快。

　　贞元八年二月，春天还未爬上柳梢，便传来荆南节度使李皋病死的消息，襄阳城一时军乱，府库钱财遭到哄抢。听闻这场骚乱的德宗，便把樊泽派遣到襄阳任刺史，也把闲散在家的白季庚派去协理。

"本道观察使皇甫政以公政绩闻荐，又除检校大理少卿兼襄州别驾"。于是朝廷一纸诏书，独当一面的父亲即刻启程南下，只是这一次，终点在那略有名气的襄阳城。

在符离埇口，乐天告别孤寂，告别惶恐不安，享受家之温馨。只是才一年，他便要送别一齐归来的父亲。归期未有期，他不知父亲何时能归，也不知下一个告别的会不会是自己。

他有些害怕，害怕孤身一人的漂泊。

第三章

断肠泪人间天上

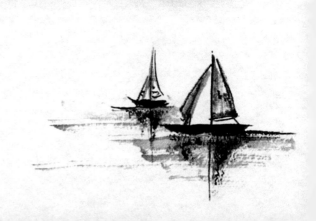

那厢，襄阳古城

死别，轻描淡写的词语却蕴含着痛彻心扉的感伤。人之一生脉络，喜怒哀乐，悲欢离合，无可奈何间，只得归结于"命运"二字，悲叹一声，从繁华到凄凉，从欢喜到悲伤，不过一瞬之间。

命运中注定的，或许终其一生，都无法扭转。很多人时常想，如果让自己重新活一次，说不定人生就不会是今日这般模样，可是他们往往无法想象，纵使人生再展开千万次，或许那个拐角、那个转弯，选择的永远都是最初的路途。

父亲白季庚远赴襄阳半年之后，符离埇口的小小院落，便覆上了惨淡的乌云，可爱的幼弟金刚奴惹上病患，面色憔悴，了无生趣。

老天在云端，只眨了一眨眼，眉一皱，头一点，世间便转了流年，换了光景。

乐天不知该恨老天的不眷顾，还是该恨命运的不公平，这个只相处了不到两年的活泼的幼弟，如今竟已奄奄一息。连他快马加鞭从徐州城里请来的大夫也只说无力回天。乐天想起幼弟向自己撒娇的稚气模样，想起他跑在身后唤他哥哥时的喜笑颜开，一切仿佛还在眼前，可金刚奴，却只剩下灰白无神的眼睛。

生命如此沉重，幼弟便这样在他眼前没了呼吸，一切太过轻易，轻易到他只愿相信这是一场梦，梦醒了，金刚奴依旧会喜笑颜开地唤他哥哥，依旧会痴迷地倾听他的故事。

只是一切都不是梦境，那真真切切的悲伤淹没了他，梦醒处，也只是徒留凄惨的素白阴影。他只能沉默地流着泪，喟叹生命短暂，命运无常。

佛语云："世间万物，因缘聚而生，因缘散而灭。"原来他与幼弟的缘分竟只有这短短两年，原来幼弟与这大千世界的缘分竟是如此浅薄。生老病死，命数在天，可是他不能接受一个人鲜活的人生突然结束，不能接受一个熟悉的生命就此定格。

为何命运待小弟如此无情，人生在世，还能有永恒常驻的事物吗？北风苍凉，刮过后空留一地落叶，他眼里含泪，心中滴血，颤抖着双手，拂去飘落肩头的黄叶，似要拂去幼弟凉薄的命运。

落叶可以拂去，尘埃可以弹拭，只是幼弟凉薄的命运，如何拂去？那永远停驻在心灵深处的哀伤，如何拭去？

> 白氏下殇曰幼美，小字金刚奴……既生而惠，既孩而敏，七岁能诵诗赋，八岁能读书鼓琴，九岁不幸遇疾，天徐州符离县私第……其兄居易、行简，茕然已孤，抚哀临穴，断手足之痛，其心如初。且号其铭，志于墓曰：
> 呜呼刚奴！痛矣哉！念尔九岁逝不回，埋魂闷骨长夜台……

唐宪宗元和八年二月二十五日，那时，早夭的幼弟已过世二十二个年头，但乐天与二弟为其迁坟时，悲痛之情，依旧如初。魂兮魂兮随骨来，他多想再见一次幼美稚气的容颜，哪怕是在梦中也好。

> 二月，某朔，二十五日，仲兄居易、季兄行简，以清酌之奠，致祭于亡弟金刚奴。呜呼！川水一逝，不复再还；手足一断，无因重连。惟吾与尔，其苦亦然。黄墟白日，相见无缘。每一念至，肠热骨酸。如以刀火，刺灼心肝。况尔之生，生也不天，苗而不秀，九岁夭焉。昔权殡尔，瀍南古原……

　　呜呼，自尔舍我，归于下泉，日来月往，二十二年。吾等罪逆不孝，殃罚所延，一别尔后，再罹凶艰。灰心垢面，泣血涟涟……

　　昔尔孤于地下，今我孤于人间。与其偷生而孤苦，不若就死而团圆。欲自决以毁灭，又伤孝于归全。进退不可，中心烦冤，仰天一号，前苦万端。呜呼！尔魂在几，尔骨在棺；吾亲莫酹，于尔床前。苟神理之有知，岂不闻吾此言？

　　这是他撰写的《祭小弟文》，时隔二十二年，对早亡幼弟的思念之情、切肤之痛，犹充溢于字里行间。手足之情，兄弟之谊，是割不断的骨肉亲情，是说不尽的荡气回肠。

　　他痛，母亲更痛。有人说，失子之痛是一个母亲精神上的无期徒刑。十月怀胎之苦，一朝分娩之痛，她无法忘怀听到小儿子第一声嘹亮哭声时滑落的幸福泪水。可是一个晴空霹雳，猝不及防，老天收回了那份幸福，那个软软的小人儿已躺在那里再无声息。

　　一瞬间，她失了所有的光彩。一幕幕，一桩桩，全部的记忆在脑海闪来闪去。她想念着摇头晃脑读书的他，拿着玩具玩得不亦乐乎的他，嗫着嘴睡着的他，在她怀里撒娇的他……她如何能够忘记，他们一起堆砌的九年时光？可是他却已离自己那么远，连拥抱都成了奢求。

　　"幼美啊！"她一声一声呼唤他的名字，只是再也没有听到那清脆的回应声。她寸步不离地守在他的房间，如等待晚归的儿子，只是幼子却再也不会回来，连空气里残留的气息和温度也在慢慢消失。

　　不吃，不喝，不眠，不休，不言，不语，她的生命里只剩下等待。这场等待太过漫长，消耗着她的气力，摧残着她的美丽，短短两个月，她形容枯槁，仿佛苍老了十岁。

　　失去至亲骨肉，她沉浸在怀念幼子的世界，不愿醒来。乐天懂得这样的母爱，但看着迅速消瘦下去的母亲，又心疼不已。或许该离开了，母亲陷入痛苦太深，或许只有离开承载着幼美所有记忆的家，她才能走出这段悲痛的岁月。

他赶紧给远在襄阳的父亲捎去家书，诉说携全家去襄阳寻他的想法。幼子的夭折于白季庚也是沉重的打击，他已经老了，报效朝廷的宏伟抱负早就渐渐随风消逝，如今，他只要简简单单的日子，他只要妻子、儿子伴在身边。

于是乐天开始第二次南下，只是这一次，家人伴其左右，他不再孤单，也不再漂泊。

襄阳，一个蕴含着丰富历史古韵的名城。那里有诸葛亮隐居时的隆中山，有岘山上"轻裘缓带"的羊杜祠，有感人肺腑的堕泪碑，还有孟浩然隐居过的鹿门山……或许那里是一个很好的安身之处，或许母亲会喜欢那里。

又一次长途跋涉，他们终于来到了这襄阳古城。只一眼，那雄伟的古城墙，他便爱上了。父亲已在城门口相迎，半年时间，他老态尽现，乐天知道小弟幼美的早逝也耗尽了老父半生的气力。

相见欢。在这陌生的城里，在这没有金刚奴半点记忆的城里，见到久未重逢的父亲，终究是让人欢喜的事情，母亲也露出了些许笑容。他们簇拥着母亲，来到了白季庚早就派人收拾好的宅院，从此以后，这里便成了家。

父亲为院落取名"东郭"，一家人在襄阳的日子便在这座东郭庭院开始了。虽然少了幼弟金刚奴，虽然还是会感伤，但既然时间从不会为谁停留片刻，那么除了珍惜眼前人、眼前事，还能如何？

母亲的精神渐渐好转，身体慢慢硬朗了许多，心情也慢慢好转了些许。看到母亲如此，乐天总算安了心，生活也慢慢走上正轨。

他一边苦读圣贤书，一边寻访名迹。碧海蓝天，峻石险峰，素来喜欢游历的他，自不会放过这奇美的自然风光。闭上眼，他徜徉在这诡谲的古迹名城中，缅怀贤士业绩，书写了一篇篇畅怀抒情的诗作。

> 楚山碧岩岩，汉水碧汤汤；
>
> 秀气结成象，孟氏之文章。
>
> 今我讽遗文，思人至其乡；
>
> 清风无人继，日暮空襄阳。
>
> 南望鹿门山，蔼若有余芳；
>
> 旧隐不知处，云深树苍苍。

楚山碧岩，汉水碧汤，他去那日暮云霭有余芳的鹿门山，去那云深树苍处寻孟浩然旧隐之地，瞻孟氏闲淡悠然之品格。归家后，乐天仍沉醉在那幽幽芳菲间，情到深处已挥笔写下这首《游襄阳怀孟浩然》，行云流水间，竟颇有几分孟氏浩然的飘逸之感。

他去游历东晋朝野群情虔敬的佛教大师道安之故居，去瞻仰传说中"四辈悦情，道俗齐趣，迹响和应者如林"的襄阳丈六金像。道安及其弟子的渊博知识和严谨作风，令他仰慕许久，那首由道安最得意的弟子慧远撰写的《晋襄阳丈六金像颂》，更让他禁不住大声朗读：

> 堂堂天师，明明远度，凌迈群萃，超然先悟。慧在恬虚，妙不以数，感时而兴，应世成务。金颜映发，奇相晖布，肃肃灵仪，峨峨神步。茫茫造物，玄运冥驰，伟哉释迦，与化推移，静也渊默，动也天随。绵绵远御，叠叠长廮。反宗无像，光潜影离。仰慕千载，是拟是仪！

惹世间多少情，可换现世安稳。这厢间，美人登场，那厢间，好戏连台。这襄阳古城，这东郭庭院，这闲淡生活，又能欢唱多久？

殇　逝

"人有悲欢离合，月有阴晴圆缺，此事古难全。"

躲在某一时间，想念一段时光的掌纹；躲在某一地点，想念一个惦记的轮廓。岁月如梭，韶光易逝。美好的日子太过轻易流逝，宛如指间的细沙，总在不经意间悄然滑落。美好如斯，却终究留不住永恒，唯有在回首时，叹时间太瘦，恨指缝太宽。

有人说，快乐和悲伤，比邻而居，当难过心伤时，不要哭得太大声，免得吓跑旁边的快乐；当美好幸福时，不要笑得太大声，免得惊动隔壁的悲伤。

只是，幸福得如此小心翼翼的乐天，如何惊动了比邻的悲伤？

贞元十年，一个意外的变故打破了东郭庭院宁静的幸福。在襄阳的闲淡生活只欢唱了两年，现世安稳，于他，终成不了永恒。

岁月不怜有情人，那年五月，正在襄阳周边游历的乐天接到一封家信，"父亲病危"四个字将他所有的幸福打入冰冷的谷底。幼弟夭折时的痛一股脑儿地涌上心头，他想起金刚奴死气沉沉的脸，想起母亲悲痛憔悴的容颜，这一次，那让人痛到骨子里的悲伤是否要从头来过，逆流成河？

他快马加鞭，火速赶往家中，赶回父母身边。无论父亲是否时日无多，他只想伴其左右，陪他走过浸着泪的每分每秒。

还是那大门，还是那院落，一切与他离开时没有不同，只是时间走远了些。他推开房门，小心翼翼地走到父亲床榻边，父亲那张写满憔悴的脸，几日间苍老了太多太多。这是他敬之爱之的父亲，如今却躺在这里虚弱到像没有存在过。死亡，终究是每个人都逃不脱的命运。

他悄悄退出卧室，细细询问大夫父亲的病况，可是那摸着胡须的老者，也说不出个所以然，只有"尚未确诊"这几个字的回复。不知病因，如何对症下药，他眼见着父亲的病情一日重过一日，身体一日痛过一日，却无妙手回春之法。

贞元十年五月二十八日，病入膏肓的父亲终因医治无效溘然长逝，享年六十六岁。回首望，从稚嫩孩童，到翩翩少年，到睿智老者，到奔赴黄泉，原来，每个生命都走在死亡的路上，只是如今，父亲走到了生命的终点。

整个庭院，素缟一片，世界宛如静止了一般，唯有鼻翼一呼一吸的热气提醒着时间。他跪倒在父亲床前，抑制不住的哭泣转换成撕心裂肺的呼喊，只是无论多少次的泪湿枕席，多少次的梦中凝望，也挡不住父亲的身影渐渐走远，带着几许惆怅，几分豪迈，几多追忆。

逝者长已矣，生者共凄凄，他们都在哭泣。命运捉弄，只有两年，母亲又失去了丈夫，她又现出几分苍老。虽然老夫少妻的组合没有给她带来多少欢乐，但同床共枕这么多年，她如何能不怀念那个给了自己安稳生活的男人、那个给了自己三个宝贝儿子的亲人？

她痛哭流涕。刚刚走出失子的阴霾，又陷入丧夫的旋涡，那还未愈合的心灵创伤，再次被狠狠划破。早逝的幼美，举案齐眉的丈夫，他们都毫无眷恋地撒手人寰，弃自己而去。她哭，哭逝者不复在，哭命运爱捉弄，也哭惨淡无光的未来路。

羊有跪乳之恩，鸦有返哺之情。父亲生前未立于床侧朝夕伺候，乐天深觉自己不孝，悲恸不已。父亲死后竟没有钱财护送回原籍安葬，他痛心疾首，惭愧万分。

　　父亲一直都是全家的主心骨，是经济上的来源、支撑着大家活下去的勇气。他一生为官清廉，几无家资，哪里有钱安排自己的后事。无奈之下，乐天只得将父亲暂时安葬在襄阳的东津乡南原。

　　乐天难过，原来这么多年，自己一直在仰仗家里，仰仗父亲。原来，失去了父亲，整个家竟仿佛失去了支撑点，连他的身后事都打理得力不从心。

　　没有葬礼，只有简单的吊唁；没有花圈，只有低低的哭泣。从东郭庭院的家，到东津安葬的墓穴，他披麻戴孝，恨不得自己下至尘埃，与父亲同眠，再尽孝道。只是他知道世间牵绊太多，他还有老母要养，还有弟弟行简需要关怀，还有未完成的报国之志需要实现。

　　有时候，死去比活着更容易。他撒下最后一抔黄土，纸钱纷飞间，跪倒在坟头，久久不能起身。他在告别：父亲，请一路走好！世上万事有儿在，您不用挂心！

　　这一刻，他明白了许多。悲恸让人成长，堂堂七尺男儿，他要成为让父亲骄傲的人，成为顶天立地兼济家国之人。

　　父亲走了，襄阳待不下去了，也再没有理由待下去了。他与行简开始打包行李，这一次，他们能回的也只有符离而已。

　　返回符离的路上，他忧心忡忡。"昼行有饥色，夜寝无安魂"，丧父之痛刻骨铭心，失去了父亲那份俸禄，家境每况愈下，世事更加艰难，有时竟连吃饭都成了困难事，以后的丁忧日子又将如何？

岐路南将北，离忧弟与兄。

关河千里别，风雪一身行。

夕宿劳乡梦，晨装惨旅情。

家贫忧后事，日短念前程。

烟雁翻寒渚，霜乌聚古城。

谁怜陟冈者，西楚望南荆。

他忧，家族后事；他念，自身前程。他不禁汗颜，为自己的碌碌无为，为空有才华满腹却至今不能光宗耀祖。

从襄阳到符离，长路漫漫，不知归途。行至江陵，兄长白幼文要另赴他方，无法同行，写满疲倦之色的乐天，心下难过万分，写下了这首《自江陵之徐州路上寄兄弟》。多情自古伤离别，他虽不是多情的种子，但十年的漂泊终留有阴影，他不愿别离，哪怕孤身离开的不是自己。

歧路南北，离忧弟兄，关河千里，风雪一身。他的悲恸，他的心伤，那段时间他全部的思想都寄托在了这首诗中。丧父后的兄弟别离，戚戚然，酸楚万分。他望着乘船一路南下的兄长，默道一声珍重，便护着母亲，迎着属于北方的凄凄寒风，继续着前往符离的路程。

涩涩丁忧情

山一程，水一程，风雨飘摇几日行。

千里跋涉，旅途奔波，他们终于回到了符离。短短两年，恍如隔世，那曾为家的小小院落早已荒草丛生，了无人气。人非物也非，一切在不知不觉间早已改变，面目全非也好，今非昔比也罢，终究再也回不到从前了。

乐天推开紧锁的房门，一切还是走时的样子，只是染了厚厚的尘埃。他打开窗，轻轻拂去桌面的尘土，不禁苦笑，也罢，落魄至此，还有落脚之地，还有家可以回，还能奢望什么呢？

母亲早已虚弱不堪了，丧夫的悲恸使她瞬间憔悴，连日来的舟车劳顿，更耗尽了她所有的体力。他赶紧安顿好老母，才和行简一起细细整理院落，说到底，这里是家，他们努力让它恢复原来的样子与生机。

依唐朝礼法规定，子丧父，无论官家大人，还是商贾人士，都必须停止外面的一切工作，回家奔丧，守孝三年，行丁忧之礼。那时，乐天虽然只是白丁一枚，但却是恪守礼节的孝子，踏踏实实地过起了这充满苦涩的丁忧生活。

他继续寒窗苦读，偶尔也陪母亲话话家常。母亲仍带着温婉的闺秀之气，谈吐文雅，举止得体，只是言语间却透露着伤感。他知道母亲过得不快乐，像是在等待，又像是在苦苦煎熬。

寒门多寂寥，他虽然也算喜静之人，但在这幽深沉寂的小院落待得久了，伤怀的情绪不免滋长。

两年了，曾经交好的朋友早已各奔东西。张彻师从韩愈，而忘年之交刘五则不知云游何方、身在何处。他想念他们，想念那段把酒言欢的热闹日子，想念当时意气风发的光景。如今，只有他自己在这里，对月思人，却再也找不回原来的心情。

他跑到城南汴河水边，看澎湃河水浩荡东流；他跑到城西北濉河旁，观两岸秀美风光；他跑到陴湖，赏碧波荡漾，水天一色之美景……只是无论他跑去哪里，都只是一个人，都跑不出这小小的符离县城。

那嬉戏翻飞、翩翩起舞的水鸟，那隐在山水间的秀美风光，排遣不了他内心的孤寂和烦闷。

那个女子便是在这时候走进了他的生活。

艳质无由见，寒衾不可亲。

何堪最长夜，俱作独眠人。

湘灵，一个美丽、温柔的姑娘，内心细腻，温婉可人。我不知道他们是如何相遇、相知、相恋的，但那一定是个美丽的故事。

他们的相遇一定是浪漫的。一个仲秋的午后，她如云彩般飘过，素净的脸，浅笑连连的眼，楚楚动人的倩影……秋风拂过，乱了他的发，也乱了他的心。爱情总是来得猝不及防，只是爱便爱了，连风中飘浮的都是让人怦然心动的清香。

最美总是初遇。杏树下，他是温文尔雅的公子，她是婀娜多姿的少女。他拱手唤一声"姑娘"，她含着带怯地回一声"公子"，那暧昧的因子便在眼波中流转。

懂诗的人，自有专属的迷人魅力。他与她，拥有共同的爱好，共同的语言，共同的情趣，一来二去，相谈甚欢，生出爱慕之意。她懂得，他的世界；他懂得，她的懂得。

涩涩丁忧情，父亲去世，久居在家的他并不快乐。虽然母亲在身边，但面对同样不快乐的母亲，他们相看两悲伤，徒增难过。是她，懂得他所有的孤独和心伤，用那颗温柔、善解人意的心包裹住他所有的情绪，排遣他积压在心间的不快。

他已二十多岁，这么多年，一直循规蹈矩地生活着，没有波澜壮阔的情事，却想要细水长流的爱情。那个让他怦然心动的女子姗姗来迟，却又恰是时候，给了他莫大的安慰和情感寄托，他几乎喜极而泣，遇上她，没有早一步，也没有晚一步。

他写《寄湘灵》，写《冬至夜怀湘灵》，这一首首湘灵系列情诗，宛如袅袅情书，缠缠绵绵，飞至她的手边：

泪眼凌寒冻不流，每经高处即回头。

遥知别后西楼上，应凭栏干独自愁。

乐天，这个一心想要光宗耀祖的七尺男儿，遇见爱情，情窦初开，同样幼稚如青春期的青涩少年。他们，一见倾心，他对她的爱慕与思念，如烈火般炙热。她是他真挚强烈的怦然心动，是他情到深处的魂牵梦萦。

从仲秋到暮秋，日头出，日头落，短短几十个日日夜夜，几十个斗转星移，两情相悦的两个年青人，已是水乳交融、难舍难分，相视间的一颦一笑都写满了默契。

元和十一年夏天，他写了一首名为《感情》的诗，回忆这段情窦初开时的真挚爱恋：

中庭晒服玩，忽见故乡履。

昔赠我者谁，东邻婵娟子。

因思赠时语，特用结终始。

永愿如履綦，双行复双止。

自吾谪江郡，漂荡三千里。

为感长情人，提携同到此。

今朝一惆怅，反覆看未已。

人只履犹双，何曾得相似。

可嗟复可惜，锦表绣为里。

况经梅雨来，色黯花草死。

"但愿人长久，千里共婵娟。"婵娟子，大抵就是湘灵的爱称吧，她赠他鞋履，他许她深情，一来二去，那鞋履便成了充满爱意的定情之物。细密针脚，锦表绣里，一针一线都是她的爱恋。

赠履那天她说过什么，已无从查证，大抵是"誓不负卿"一类缠绵肉麻的情话。此心昭昭可对日月的两个人，眉眼传情，那肉麻兮兮的话语，催生出更多的荷尔蒙，让他们只觉得非卿不娶，非卿不嫁，如沐春风。

"因思赠时语"，乐天便如掉进蜜罐般，如获至宝。他说，"永愿如履綦，双行复双止"，这便是一个诗人最浪漫的情话。

他们定了终身，只不过不是父母之命、媒妁之言。

九月西风兴，月冷露华凝。

思君秋夜长，一夜魂九升。

二月东风来，草拆花心开。

思君春日迟，一日肠九回。

妾住洛桥北，君住洛桥南。

十五即相识，今年二十三。

有如女萝草，生在松之侧。

蔓短枝苦高，萦回上不得。

人言人有愿，愿至天必成。

愿作远方兽，步步比肩行。

愿作深山木，枝枝连理生。

一日不见，如隔三秋。守着爱，失了心，乐天念着她，怨西风劲，秋夜长；不见依，难成眠。湘灵想着他，恨东风迟，花开晚；不见君，肠九回。百转千回，秋冬春夏，思念总是比时间长。

他们海誓山盟，相思成双，"在天愿作比翼鸟，在地愿为连理枝"。世间有一种爱，洁白如雪，不容亵渎；世间有一种情，朦胧而羞涩，神秘而激动。只有一次，仅此一回，那就是初恋。

那份关于情爱的萌动，他与他的如鹿般的女子，欲言又止，欲说还休……

苦恋处，潸然泪

信手拈花，花不语，那些相思成愁的期待，总是美得如痴如醉。于是，那消逝在淤泥里的执着，谢了匆匆的春红，空留一声凝噎的感叹。君知否，那如花美眷，为谁憔悴？

因为爱情，他与那份隐于阡陌间的钟情不期而遇，情窦初开的少女心扉，渐渐敞开，为君忧愁为君笑的倾城容颜，如影随形。

她是天空里的一片云，偶尔投影在他的波心，成为他最美丽的心事，在他心中最柔软的地方留下不可磨灭的记忆。初恋，情如白雪，从未染尘，甜蜜或辛酸，温馨或伤感，都是一道别样的风景，是有情人心中一道永不消逝的彩虹。

"步步比肩行""枝枝连理生"，他多想沉醉在她的温柔乡里，多想与她白头偕老，缠绵一生。奈何门第悬殊，他这棵蔓短的萝草，如何去攀附她这棵松树的高枝。

只道情深，奈何缘浅。

没有父母之命，更无媒妁之言，他们宛如伤了翅膀的鸟儿，疼痛如影随形，再也无法相伴翱翔在高空之上。当自由爱情与所谓的传统相悖，棒打鸳鸯竟成了人之常情。

湘灵是痛苦的，亲情和爱情，都成了无以言说的伤。站在天平的两端，一颗惴惴的心摇摆不定，爱已不是自己能够操控的了，如何抉择都是痛，如何抉择都是错。

> 夜半衾裯冷，孤眠懒未能。
> 笼香销尽火，巾泪滴成冰。
> 为惜影相伴，通宵不灭灯。

她向乐天倾诉衷肠，她的情，她的痛，他感同身受。他写这首《寒闺夜》，以湘灵的口吻，将他的懂得缓缓道来。

深邃的夜，月光皎洁，繁星满天，窗外的一切变得幽深寂静，偶尔还有鸟儿凄凉的叫声。她点着灯，一个人，一片静谧，却难觅睡意，辗转反侧间，心如秋夜般凄寒。黑暗侵蚀了一切，屋内残留的一盏油灯，只为了与影相伴。

她是那么美丽，犹如不食人间烟火的仙女一般，只是这个每夜与孤影话相思的女子，也是她啊。

谁在说，有时一个美丽的邂逅就让人有无尽的遐想和回忆，这便已经足够？谁又在说，最美丽的画面已经收藏在心灵最深的地方？

乐天的眼眶湿润了，他心疼这样的湘灵。"窈窕淑女，君子好逑"，这个温婉如水的女子，让他一见便钟了情。他写了一首首缠绵悱恻的情诗，赞美心仪的她，把所有的喜爱通通寄托在文字里。

终拗不过相思，她想到了与他私奔，共闯天涯，只是家有老母，他又如何能这么自私？何况，当一个女子与男人私奔后，便很难成为正妻，他又如何忍心自己心爱的女人走这条受人唾弃的道路。

他们分手了，带着无比的凄苦和无限的眷恋。他不怨湘灵，也不怨自己，只对那可恶的门第之说深恶痛绝。

井底引银瓶，银瓶欲上丝绳绝。

石上磨玉簪，玉簪欲成中央折。

瓶沉簪折知奈何，似妾今朝与君别。

忆昔在家为女时，人言举动有殊姿。

婵娟两鬓秋蝉翼，宛转双蛾远山色。

笑随戏伴后园中，此时与君未相识。

妾弄青梅凭短墙，君骑白马傍垂杨。

墙头马上遥相顾，一见知君即断肠。

知君断肠共君语，君指南山松柏树。

感君松柏化为心，暗合双鬟逐君去。

到君家舍五六年，君家大人频有言。

聘则为妻奔是妾，不堪主祀奉苹蘩。

终知君家不可住，其奈出门无去处。

岂无父母在高堂，亦有亲情满故乡。

潜来更不通消息，今日悲羞归不得。

为君一日恩，误妾百年身。

寄言痴小人家女，慎勿将身轻许人！

他写这首《井底引银瓶》，来讽刺唐王朝的森严门第和极为现实的婚恋观。明媒正娶才为妻，私奔出来则为妾。情铮铮，意切切，为了那点爱与恋，以身相许，委身为妾，换来的不是甜蜜的白头偕老，而是封建观念之下没有地位的各安天命，自酿苦果，连最后一丝怜惜都将消耗殆尽。

他知道爱情太过梦幻，抵不过冷冰冰的现实制度，所以他不得不接受这样讽刺的恋爱观。他苦笑着告诫那些痴情的女子，不要将身轻易许人。女人，可以因为一个男人而变得辉煌，也会因为一个男人而变得不幸。

爱如覆水，奈何覆水难收。爱了，又该如何忘怀？贞元二十年，时过九年，他回符离搬家，那刻意想要忘掉的女子，却一次次浮现在眼前。原来她早已披上火红的嫁衣，如所有的女孩儿般，嫁了人，只是新郎不是他。原来，她早已彻彻底底不属于他了。

> 不得哭，潜别离。不得语，暗相思。两心之外无人知。
>
> 深笼夜锁独栖鸟，利剑春断连理枝。
>
> 河水虽浊有清日，乌头虽黑有白时。
>
> 唯有潜离与暗别，彼此甘心无后期。

潜离，暗别，这一次，终是后会无期。

有人说，初恋，就像挂在枝头的青苹果，在阳光下泛着幽幽青光，看着就已经流了口水，咬上一口，涩涩的，有点酸甜，却让人终生难忘。

苦恋处，潸然泪。多少个春秋冬夏，他在夜深人静时辗转反侧，心心念念的都是她含笑的容颜。他曾用整颗心去爱她，这份爱所延伸出的思念和记忆，已经刻骨铭心、深入骨髓，忘记谈何容易。

> 汴水流，泗水流。流到瓜洲古渡头，吴山点点愁。
>
> 思悠悠，恨悠悠。恨到归时方始休，月明人倚楼。
>
> 深画眉，浅画眉。蝉鬓鬅鬙云满衣，阳台行雨回。
>
> 巫山高，巫山低。暮雨潇潇郎不归，空房独守时。

长相思，长相忆。他把这份难以忘却的情感，放进一首首脍炙人口的诗篇，那剪不断理还乱的恼人思念，如浩浩荡荡的长江水，永不停歇。只是不知，是这相思成就了乐天，还是乐天成就了这相思。

元和七年，乐天四十岁，他仍在想着湘灵。虽然那份思念已少了血气方刚的波涛汹涌，但细水绵长间也成了习惯。又是一年秋，阴雨连绵，他站在屋檐下看细如牛毛的雨丝，突然感到些许寂寥，一首由思念化作的《夜雨》，从唇齿间吟出：

> 我有所念人，隔在远远乡。
>
> 我有所感事，结在深深肠。
>
> 乡远去不得，无日不瞻望。
>
> 肠深解不得，无夕不思量。
>
> 况此残灯夜，独宿在空堂。
>
> 秋天殊未晓，风雨正苍苍。
>
> 不学头陀法，前心安可忘。

他与湘灵的这场爱恋，纠葛几年，刻骨铭心，耗尽他一生。他可以写出浸着饱满泪水的《长相思》，可以写出含着爱情诗意的《长恨歌》，却不会再爱了。

世上再没有一个湘灵，让他生出绵绵的爱意。即使娶了妻，他也只是和她举案齐眉、相敬如宾，即使去歌楼伎馆，也不过是逢场作戏。那个年少时的恋人，再也寻不回了。

> 花枝缺处青楼开，艳歌一曲酒一杯。
>
> 美人劝我急行乐，自古朱颜不再来。
>
> 君不见外州客，长安道，
>
> 一回来，一回老。

美人相伴，及时行乐。这样的乐天让人心疼，什么才可以排解他的伤痛？

如何才能让他忘记那段情？

　　苦恋处，潸然泪。丝丝凉意触碰着心田，乐天，你究竟是一个怎样的男子？

第四章

追逐心中的太阳

及第，探花宴

生活是一场没有彩排的演出，所以只能勇往直前。爱情走了，他心灰意冷。符离，这个充满回忆的伤心地，再也没有让他停留的理由。三年丁忧一过，他便决定离开，为了远远逃开，也为了前途之路。

贞元十四年春天，长兄白幼文传来家书，他要赶赴饶州任职。长兄如父，看到家书的刹那，乐天已经决定去投奔大哥。孝期已满，他的报国梦、鸿鹄志、仕途路，该要迈出脚步了。

山高路远，他不愿母亲折腾受苦，也不愿独留她在符离小城，便先送母亲到洛阳族兄弟家安顿，然后，他便再一次孤身踏上了南下的旅途。

孤身一人，前途未卜，第一次南下时的无措感无预警地袭来。他心情沉重，浮想联翩。船行至江浦，夜泊，又见江南无限风光，他却没有怀念，只有烦躁不安，夜不能寐。

> 明月满深浦，愁人卧孤舟。
>
> 烦冤寝不得，夏夜长于秋。
>
> 苦乏衣食资，远为江海游。
>
> 光阴坐迟暮，乡国行阻修。

身病向鄱阳，家贫寄徐州。

前事与后事，岂堪心并忧。

忧来起长望，但见江水流。

云树霭苍苍，烟波澹悠悠。

故园迷处所，一念堪白头。

他写这首《将之饶州，江浦夜泊》，俨然一副愁人姿态：夏夜漫漫，他孤卧舟上，感衣资苦乏，叹路远行阻，前事过往如烟雾，难以散尽，后事前途犹在心，遥远未卜。心堪忧，念白头，他如何淡然处之？

乐天先去了宣州溧水，他的从叔父白季康在那里任一县之令。他与这位从叔父还算亲厚，父亲死后，再没有年长的男人听他畅所欲言，大谈前途志向。这一次见到从叔父，便对他生出几分父亲的感动，他向他倾诉，讲父亲去世的情况，讲自己学习的进步和思想的变化，还把自己对前途的担忧和盘托出。

白季康素来喜欢这个满腹经纶的从侄儿，对他也是知无不言，言无不尽。他建议乐天姑且留下，参加溧水县即将举行的乡试，以备将来走科举之路。

从乡试到州试再到京试，唐朝科举考试需要层层考核，层层选拔。乡试，最低一级的科举考试，于他只是小菜一碟，一试便中，但这却是改变他人生道路的重要一步，因为它，"二十七方从乡试"的乐天叩响了科举入仕的大门。

按唐朝科举惯例，州试一般在乡试的下一年。次年才能参加州试的乐天，告别了从叔父，前往兄长白幼文在饶州的任所。幼文，长兄也，乐天与他同父异母，足足差了二十岁有余，对他颇有几分属于父亲的敬重。

他在《伤远行赋》中写道："贞元十五年春，吾兄吏于浮梁，分微禄以归养，命予负米而还乡。出郊野兮愁予，夫何道路之茫茫。茫茫兮二千五百里，自鄱阳而归洛阳。"

那一年，他收到母亲明说想念实盼归的口信。转眼又是春天，他离家已接近一年，他也想回去看看这个给了自己所有爱的母亲，看看母亲是否习惯寄居在族兄弟家的日子……乐天踏上了回乡省亲的旅程。

他匆匆赶回洛阳，伴在母亲左右话家常。这个虽然不再娇艳，但大气独特的女人，宛如夏天遗留下来的花朵般的女人，终于有了快乐的痕迹，他稍稍安心了。

只是他不能久待，那年初秋，便匆匆赶赴宣州。那里有第二场考试在等着他。

昔我往兮，春草始芳；今我来兮，秋风其凉。独行踽踽兮惜昼短，孤宿茕茕兮愁夜长。况太夫人抱疾而在堂，自我行役，谅夙夜而忧伤。惟母念子之心，心可测而可量……惟昼夜与寝食之心，曷其弭忘？投山馆以寓宿，夜绵绵而未央。独辗转而不寐，候东方之晨光。虽则驱征车而遵归路，犹自流乡泪之浪浪。

回洛阳时，是乍暖还寒的春，万物复苏；赶赴宣州时，已是姗姗来迟的秋，凉意瑟瑟。他忙着独自赶路，奈何昼短夜长，寂寞满堂。虽然前方等着他的是功名、前程和理想，可是情字面前，他念着母亲，念着抱恙的太夫人，这一路行来，还是颇有几分伤感之意。

州试开考，以《窗中列远岫》《射中正鹄赋》为题，一诗一赋，重平仄韵律。应试之题，宛如文字游戏般咬文嚼字，空有华丽外表，却无现实意义。看到题目，他只叹无趣，但为了前程，还是要硬着头皮继续。当一个人不名一文时，即使再具旷世才华，也要服从现世的规则。没有能力改变现状，除了适应，便只剩适应。

乐天被录取了，赢得了身为主考官的崔衍的赏识，被推举参加长安城的进士考试。一切仿佛毫无悬念，他出众的才华应付这样的试题自是不在话下。

考试在来年的春季，这年的初冬时分，他填写了各种需要报送礼部的表格，便等候考试通知。虽然，他还没有进士及第，但已有了机会，这一次，他又可以怀揣着梦想和希望，踏进那群英荟萃的繁华地。

他回了洛阳，母亲在盼着他的归去，他也想要把好消息第一时间禀告母亲。

只是他回洛阳不久，便传来宣州节度使叛乱，刺杀了行军司马陆长源的消息，战火再度点燃。他一面准备考试，一面挂念着宣州的叔伯兄弟。他想起建中三年开始的河南战乱，那时他太过年幼，只能避难江南，看兄弟离散，各在天涯。可如今，战乱再起，他心有余悸。

"共看明月应垂泪，一夜乡心五处同"，他仰首望月，颇为感慨。天下不平，家族也变故不断，与父亲和幼弟金刚奴阴阳两隔，与亲人也分隔多地，难以团聚。他写道："自河南经乱，关内阻饥，兄弟离散，各在一处。因望月有感，聊书所怀，寄上浮梁大兄、于潜七兄、乌江十五兄，兼示符离及下邽弟妹……"

春节刚过，他便告别母亲，匆匆离开洛阳，赶赴长安。大考临近，多少年来的志气与梦想，成败在此一举，他的心情怎能不紧张，只能抓紧时间复习，做好考前的心理准备。

> 轩车歌吹喧都邑，中有一人向隅立。
>
> 夜深明月卷帘愁，日暮青山望乡泣。
>
> 风吹新绿草芽坼，雨洒轻黄柳条湿。
>
> 此生知负少年春，不展愁眉欲三十。

正月十五，整个长安城沉浸在一片欢乐的海洋中，大街小巷，张灯结彩，舞龙耍狮，烟火闪烁，爆竹齐鸣，兴高采烈的人们走出家门，猜灯谜，赏花灯……颇有几分万人空巷的热闹之感。

只是这份热闹与他无关，走在命运的路上，第一次感觉梦想如此之近，他怎能任机会轻易溜走？他忘掉节日的欢笑，忘掉美丽的夜景，独自在客栈的小小房间，忍着孤寂，为进士考试做着最后一点准备。

这时，他已二十九岁，不展愁眉欲三十。

二月十四日，他与其他应试者一起，参加了由中书舍人高郢担任主考官的进士考试。考题与州试类同，以《性习相近远赋》和《玉水记方流诗》为题分别为赋为诗。仍旧是没有实际意义的试题，但很考验考生的临场应试能力。乐天不敢放松，用毕生的才华和努力去完成考卷。

走出考场的刹那，明亮的阳光刺痛了双眼，一切如同梦一场，他看不清来路，也不知归途，可自己还是走到了这一步，走得坎坷，却也无怨。

等待发榜的日子，他不免忐忑。自古名人多出自进士考试，相沿成习，胸有点墨的文人皆会选择参加进士考试，可百人中及第者只占一二。考前的日子，他见考生们竞相奔走于权贵之门，希望得到提携推荐，为及第铺平道路，可正直如他，终不想靠此方式援引，只希望主考官可以不偏不倚。

命运总算待他不薄，在高高的榜单上轻易便找到了他的名字，白居易，以第四名的优异成绩及第，并且他是同榜十七人中年纪最轻的一位。

春风扶，稻花香，十年寒窗苦学，只为一朝金榜题名。这一次，他终于看到了曙光，喜笑颜开。他感激主考官高郢的厚爱，并作《箴言》自励：

> 无日擢甲科，名既立而自广自满，尚念山九仞亏于一篑；
>
> 无日登一第，位其达而自欺自卑，尚念行千里始于足下。

庆祝，欢颜，探花宴。唐朝有新科进士们在杏园举行庆祝宴会的传统，只是他已无心多留，母亲还在盼他归去，多少年的学海艰辛，多少年的漫长等待，他只想将这关系家族兴衰的喜讯，带回家，带回母亲身边。

同科进士们知道他要仓促离开，纷纷前来相送，他望着一张张踌躇满志的脸，写下《及第后归觐留别诸同年》一诗：

十年常苦学，一上谬成名。

擢第未为贵，贺亲方始荣。

时辈六七人，送我出帝城。

轩车动行色，丝管举离声。

得意减别恨，半酣轻远程。

翩翩马蹄疾，春日归乡情。

"富贵不归故乡，如衣锦夜行"，他告别了那繁华的长安城，策马挥鞭，在"春风得意马蹄疾"的诗意间，向着洛阳的方向疾驰而去。

梦想开始的地方

快马加鞭，披星戴月，乐天回到了家中。

母亲早已得到喜讯。中年天子丧夫，乐天和行简两兄弟成为她生命中所有的希望与勇气。为了让儿子一心一意、无牵无挂地求取功名，她甘愿寄人篱下。如今，一切苦心总算有了些许回报，她总算有了些许安慰。

母子相见，是不同寻常的郑重其事。乐天跪在母亲面前，呈上榜文，母亲颤抖着双手接过来，认真端详，细细抚摸，不知不觉间，眼里泪水满溢。看母亲如此动容，他也不禁潸然。幸福的泪水，流得肆无忌惮。曾经的苦涩和无奈，都在乐天进士及第后，化作了漫天美好的憧憬。

他没有过多沉醉在那片欢声笑语中，进士及第只是把他带到了更宽广的人生道路上，未来还有更加艰辛的事情在等着他。

在唐朝，进士及第并不能马上授予官职，只是取得了做官的资格而已。乐天要想取得官职，还需要参加由吏部组织的更高级别的"拔萃"科考试。《新唐书·选举志下》上云："选未满而试文三篇，谓之宏辞，试判三条，谓之拔萃，中者即授官。"

进士及第只是第一步，他要的是修身、齐家、治国、平天下。信仰儒家入世思想的乐天，一心想要实现为家国效力的理想和抱负，他毫不掩饰地说："仆本儒家子，待诏金马门。尘忝亲近地，孤负圣明恩。一旦奉优诏，万里牧远人。"

莫言三十年少，百岁三分已一分。他恐岁月不等人，只在洛阳停留了数日，便南下往宣州去了，他要去拜谢崔衍的举荐之情，同时也想得到他再次的提携和奖掖。他特意作赋一首，大力歌颂崔衍的"德政"，只在结尾处提及自身：

> 身忝乡人荐，名因国士推。提携增善价，拂拭长妍姿。
>
> ……
>
> 霄汉程虽在，风尘迹尚卑。敝衣羞布素，败屋厌茅茨。
>
> 养乏晨昏膳，居无伏腊资。盛时贫可耻，壮岁病堪嗤。
>
> 擢第名方立，耽书力未疲。磨铅重剚割，策蹇再奔驰。
>
> 相马须怜瘦，呼鹰正及饥。扶摇重即事，会有答恩时。

他是瘦马，是饥鹰，而崔衍是可以提供援掖的相马者。他含蓄地表达着自己的意思——想要崔衍一如既往地提拔自己。崔衍读罢，很是高兴，伯乐与千里马，自有惺惺相惜之意，崔衍觉得他没有看错乐天，认为乐天的未来道路将充满光明。

乐天在宣州小住几日，四处游览，还去凭吊了李白墓，另作《李白墓》诗一首：

> 采石江边李白坟，绕田无限草连云。
>
> 可怜荒垅穷泉骨，曾有惊天动地文。
>
> 但是诗人多薄命，就中沦落不过君。

睹物思人，怜人怜己。诗人多命薄，这个曾著有惊天地泣鬼神之作的大诗人，最后也不过沦落为荒垄间的一堆白骨，那么自己又将如何？

未来事，天知地知，他不知，叹也无果，不如踏踏实实向前。几日后，他离开宣州，前往饶州浮梁看望自己的长兄白幼文。只是这一看望便是数月，战火起，南北道路阻塞，他便只好在大哥的府邸住下。虽然不是同母兄弟，但到底是同父血亲，那身上一半相似的血液足够他们相见欢，相谈更欢了。

一个仲秋的早上，阻塞的道路已恢复了，他依依不舍地拜辞年长的大哥，北上符离老家，母亲也已归来，无论如何，这里的小小院落是只属于他们的，是他们割舍不掉的家。

九月徐州新战后，

悲风杀气满山河。

唯有流沟山下寺，

门前依旧白云多。

经过数月的战火洗劫，符离已是满目疮痍，一片破败。曾经熟悉的街道，古朴的建筑，如今只剩下断壁残垣，焦砖碎瓦。看到在梦中百转千回的家乡凋零到如此光景，乐天感慨万千，慨叹战争无情。

他举步漫游，不知不觉间又到了好友刘五曾借住过的寺庙。还好，战火没有蔓延到这块净地。佛门古刹，依旧超然挺立，寺院古松，依旧郁郁葱葱。世间变过几遭，人间杀戮几何，尘事纷繁多少，佛依旧在那里，不悲不喜。

烟叶葱茏苍塵尾，

霜皮剥落紫龙鳞。

欲知松老看尘壁，

死却题诗几许人。

他想到了刘五，那个曾经一起在佛韵庙宇下听雨打屋檐、共谈古今诗道的忘年之交如今在哪里，是否也在为仕途功名忙碌奔走？人世间觅得一个志同道合、秉性相投的好友已属不易，可命运无常，各奔东西来得太过突然，连道别都已来不及。

他在那里流连，任思绪纷飞。时间总是走得飞快，太多人太多事连回忆都来不及。今天，他不谈未来，不想仕途，只在蔓延的回忆里追溯，在泛滥的想念里铭记。

只是经年已逝，他再也不是那个张扬的少年。刘五，张彻……曾经的好友，他们是否也已变了模样？

黄昏时分，他伴着最后一缕晚霞，离开佛寺，往家的方向走去。母亲一定已经准备好了饭菜，等着他回家。生活虽然有太多无奈，但总有一幕幕美好的瞬间，让人觉得人生仍意义非凡。

贞元十七年，这一年的时光好像是为变故而来，命运的苦痛折磨似乎格外喜欢考验他。

前年四月，外祖母陈氏在繁花簇拥的春季病逝，享年七十岁。那时，未在家的乐天没能及时赶回见老人最后一面，对此他一直耿耿于怀，在为老人撰写墓志铭时，他言辞凿凿，悲痛切切地说：

> 恭惟夫人，女孝而纯，妇节而温，母慈而勤。呜呼！谨扬三德，铭于墓门。恭惟夫人，实生我亲，实抚我身。欲养不待，仰号苍旻。呜呼！岂寸鱼之心，能报东海之恩。

这一年开春，在符离任主簿的六兄也突然病故，这对乐天来说也是一个沉重的打击。他与六兄一直感情颇深，去年春天又巧遇于江南，把酒言欢，彻夜长谈，直到天亮酒醒时，两人仍谈兴未尽，便约定回符离再聚，可约定的聚首竟成了葬礼之上的生死之别。

六兄才不到四十岁，在符离做主簿多年，一直为官清廉，为人信诚。乐天难以相信，正值壮年的六兄会走得如此突然。他的心被难以言状的悲伤包裹，挥笔间写下饱含伤痛之情的《祭符离六兄文》：

　　呜呼！圣人忘情，愚不及情。情所钟者，惟居易与兄。岂不以亲莫爱于弟兄，别莫痛于死生？……惟兄道源乎太和，德根乎至性，以孝友肥其身，以仁信膻其行。而位不登于再命，年不及于知命……其地则迩，其别终天！惟弟与家人，俨拜哭于车前……

他还未从六兄去世的悲恸中缓过神来，宣州传来丧讯，十五兄也因病去世。他马不停蹄地南下宣州，为十五兄奔丧。以前的一幕幕在眼前浮现，那个自强自立、勤学好问的十五兄，那个曾和自己一起游历、一起金榜题名的十五兄，怎么就这样被老天爷突然带走了呢？难道这就是所谓的天妒英才？

六兄和十五兄，都在壮年，却一个个英年早逝。命运如此不公，生命如此脆弱，他内心沉重，人生也蒙上了灰白的雾霭，如果自己的梦想都还没有实现，便如两位兄长一样命丧黄泉，该是如何的不甘心？

他明白，一切还是要趁早。回到符离后，他收敛心情，埋头苦读，他已决定参加下一年的拔萃科考试。

贞元十八年冬，白居易再次赶赴长安，准备参加书判拔萃科考试。一场旷日持久的战役打响了，他在一百道书判题中思绪翻转。功夫不负有心人，翌年三月发榜，同科及第者仅八人：白居易、元稹、陆复礼……八人中，他位居甲等，与元稹一同被任命为秘书省校书郎。

这一年，他三十二岁，十多年寒窗，十多年奋斗，他终于踏上了仕途。

仕途起，长安城不再只是奢望，官场也不再只是空想，他拼到了属于他的一角天空，兼济天下的理想终于不再是梦一场。

心底的长安

生于书香门第，长于官宦之家，他在走父兄走过的路，看他们看过的风景，可是没有一模一样的人生。世界在变，乐天也在成长。

步入仕途，吃了俸禄，他再也不是那个走南闯北、靠家人亲戚资助的人了。这一次，他要用自己微薄的俸禄去奉养母亲，去养活自己，去做那些有价值的事。

第一件事情，他在长安城里租了房子。漂泊多年，他最想要的是一个挡风遮雨、安静整洁的住所，买的也好，租的也罢，只要安稳如家，便是天下不换的惬意与满足。

> 帝都名利场，鸡鸣无安居。独有懒慢者，日高头未梳。
> 工拙性不同，进退迹遂殊。幸逢太平代，天子好文儒。
> 小才难大用，典校在秘书。三旬两入省，因得养顽疏。
> 茅屋四五间，一马二仆夫。俸钱万六千，月给亦有余。
> 既无衣食牵，亦少人事拘。遂使少年心，日日常晏如。
> 勿言无知己，躁静各有徒。兰台七八人，出处与之俱。
> 旬时阻谈笑，旦夕望轩车。谁能雠校闲，解带卧吾庐。
> 窗前有竹玩，门处有酒酤。何以待君子，数竿对一壶。

四五间茅屋，一马两仆夫，不为衣食而忧，不为人事所拘。这便是他的处所，他的生活。唐朝的秘书省，是专门为皇家整理图书的机构，"典校在秘书"的校书郎乐天只是一个九品芝麻小官，主要职责为管理邦国经籍，是个闲职，俸禄一年只有一万六千钱，但应付生活开支还是绰绰有余。

潇洒的日子大抵如此。整理一下书籍，掸一下灰尘，在烈日炎炎的正午拥枕而眠，在阴凉的午后沐风饮茶，与志同道合的好友一起饮酒、出游……

可是潇洒的日子仍有缺憾。他心里挂念着母亲，挂念着家。思前想后，他决定把母亲接过来，把家迁到长安城，那样就可以一家人团聚聊慰思念了，那样四五间茅屋也会染上家的味道。

天气渐渐转凉的仲秋，他跟秘书监打了声招呼，便离开了长安城，返回符离搬家。秘书省的管理比较松散，他的行动也没有受到限制，所以无须专门请假。到了久违的符离小城，天已显出寒意，他不忍母亲多病的身体在寒风中劳累奔波，便打消了立即返回长安城的念头，并向秘书监说明情况。

离别总是伴随着伤感。这次离开符离，没有归期，可能终生都没有机会再见到浩荡的汴河水了，可能终生都见不到初恋时的那个人、那棵杏树了。"别时容易见时难，流水落花春去也，天上人间"，这样想着，便总不想太早说出再见。

可是总要告别。贞元二十年春天，他已打点好一切，挥别了符离的埇桥，举家搬迁。路途遥远，他们走得惬意，一路走走停停，路过洛阳时还专门停留月余，去看望曾经照顾过母亲的亲戚们，并且去钵塔院瞻仰凝公大师的遗容。

乐天在贞元十六年路过洛阳时，曾专门去拜谒过凝公大师。那时大师是东都圣善寺的住持，而他是刚刚及第的进士，正是春风得意时。在弥漫的佛香中，在咚咚的木鱼声里，他第一次见到了肃穆凝重的大师，那悠然捻着佛珠、安详如一湾平静湖水的大师，让他神奇般地拥有了一种超然的力量，心神安定。

他的心渐渐沉寂下来，原来自己如此渺小，那些所谓的踌躇满志，只不过是浅薄浮躁的年少轻狂。原来世上还有如大师这样的定力，无论世道如何纷繁浮躁，无论外界怎样暴戾冲突，他自岿然不动，如一口古井。

乐天还记得临告辞前，凝公大师微笑着，在他的掌心写下的八个字：观、觉、定、慧、明、通、济、舍。寥寥几个字，却蕴含着高深的哲学。原来，所谓的功名利禄和富贵荣华，都不过是些身外之物，生不带来，死不带去，也无助于自我本性的把握。

官场沉浮，仕途得意也好，不得志也罢，说到底都只是浮云而已。领悟至此，乐天的人生态度有了些许改变，进士及第，过去的光环褪去，他站在了新的起点，人生之旅始于足下，活在当下，他要用心完成属于自己的旅程。

> 偶献子虚登上第，却吟招隐忆中林。
> 春萝秋桂莫惆怅，纵有浮名不系心。

光环，过去了便只是浮名。凝公大师所赐的八个字，不仅写在他的手掌，也写到他的心房。如今，他看着大师依旧安详的遗容，回忆着往事，那种超然的力量依旧强烈，他不难过，因为大师一直活在他的心间。

这几年，游历和官场的阅历使他成长，也让他更加领悟到大师睿智的思想，体会到"八字"心法的内在力量。思潮起伏处，他以这八字为题，写下佛家的"诗偈"——《八渐偈》，并且郑重其事地"升于堂，礼于床，跪而唱，泣而去"，以达"入于耳，贯于心，达于性"之境。他说：

> 唐贞元十九年秋八月，有大师曰凝公，迁化于东都圣善寺钵塔院……呜呼！今师之报身则化，师之八言不化。至哉八言！实无生忍观之渐门也。故自观至舍，次而赞之。广一言为一偈，谓之《八渐偈》。盖欲以发挥师之心教，且明居易不敢失坠也。

看了想看的风景，领悟了想要领悟的东西，他也要离开了。天下没有不散的筵席，洛阳于他，只是一个暂时的落脚之地；他于洛阳，也不过是一个旅途中的过客。

乐天带着家人来到了长安城，可是他租赁的茅屋太小，于是他便把家安在了下邽，那里正好有处白家的产业。"草风沙雨渭河边"，长安与村落，隔河相望，只有百里之遥，他可以常常乘船回家。

> 摘得菊花携得酒，绕村骑马思悠悠。
>
> 下邽田地平如掌，何处登高望梓州。

家，近在咫尺，他终于没有遗憾了。他的日子过得欢快，颇具几分浪漫色彩。

居于长安，他交游渐广，朋友也越来越多，除了同为秘书省校书郎的元稹、王起、吕灵、崔玄亮外，还有刘禹锡、柳宗元、李建等。他们同为科甲及第，是一群有理想、有抱负、有朝气的年轻人。他们才华横溢，他们志同道合，他们都想在官场闯出一片天地。

> 忆在贞元岁，初登典校司。
>
> 身名同日授，心事一言知。
>
> 肺腑都无隔，形骸两不羁。
>
> 疏狂属年少，闲散为官卑。
>
> 分定金兰契，言通药石规。
>
> 交贤方汲汲，友直每偲偲。
>
> 有月多同赏，无杯不共持。
>
> 秋风拂琴匣，夜雪卷书帷。
>
> ……

元和五年，乐天回忆当时的情景，便写了《代书诗一百韵寄微之》一诗叙述之。他们一样疏狂，一同潇洒，一般不拘小节。拥有一群有契比金兰的朋友，肺腑无隔，共赏风花，共赞雪月，应是人生第一大幸事吧。

只是政界官场，污浊黑暗，相互倾轧，他见了太多社会的阴暗面。圣上的昏庸无能、挥霍无度，宦官贵族的专横跋扈、骄奢淫逸，下层百姓的艰苦劳累、流离失所……他迷惘了，在这"天下攘攘，皆为利往"的世界，他的价值在何处？这条仕宦之路能走多久？

贞元二十一年正月，唐德宗驾崩，顺宗李诵即位，年号永贞。那段时间，顺宗起用了王伾、王叔文两人进行朝政改革。"二王"吸纳有志于改革的仁人贤士，乐天的好友刘禹锡、柳宗元等也加入其中。他们发动了轰轰烈烈的"永贞革新"，致力于打击藩镇势力及夺回宦官手中的权力，一时间颇具成效。

革新派登上历史舞台，一场如火如荼的政治战争打响了。毫无疑问，乐天对革新派很是赞赏，奈何官小，他不能参与其中，只能游历于山水佛寺间。

慈恩春色今朝尽，尽日裴回倚寺门。

惆怅春归留不得，紫藤花下渐黄昏。

——《三月三十日题慈恩寺》

前年题名处，今日看花来。

一作芸香吏，三见牡丹开。

岂独花堪惜，方知老暗催。

何况寻花伴，东都去未回。

讵知红芳侧，春尽思悠哉。

——《西明寺牡丹花时忆元九》

他在慈恩寺观春，在西明寺赏牡丹，可是在盎然的春意间，一切只是百无聊赖，他的心情寂寞压抑，与革新派的热火朝天形成鲜明的对比。

革新派的大动作引起了藩镇、宦官及旧贵族的强烈不满，他们联合反扑，同年八月，顺宗被逼退位，宪宗李纯即位，年号元和。为了平衡新旧势力，宪宗下旨贬谪王叔文一党，这场"永贞革新"，仅半年便夭折在只手遮天的旧势力手中。

劫难席卷革新派，乐天的好友刘禹锡和柳宗元也没有幸免，纷纷遭到贬谪。乐天因祸得福，但他只觉得讽刺，朝廷的希望之火就这样熄灭了。

不知不觉，已是三年，他的校书郎之职任期已满，居于长安的日子也走到了尽头。

摸着石头过河

宪宗元和元年，乐天任期满，赋闲在家。唐例规定，要想获得新的任职，必须有朝中官员的举荐，或者重新参加科举考试。可是他熟识的朝中官员多为遭到贬谪的王叔文革新党，他只能参加当年的"才识兼茂明于体用科"考试。

挚友元稹也同他一起参加考试。元稹，字微之，八岁丧父，十四岁明经擢第，以写诗著文闻名于世。贞元十九年三月，因拔萃科考试，两人相识，因同出为官，两人相知。同为爱诗之人，几次交流，颇有些一见如故、惺惺相惜之感。

"季夏中气候，烦暑自此收。萧飒风雨天，蝉声暮啾啾。永崇里巷静，华阳观院幽。"这一年，两位好友同住上都华阳观中，一起为考试准备着。他们共谈时事，作诗赋文，准备皇帝的策问。

"闭户累月，揣摩当代之事，构成策目七十五门。"两个才华横溢的年轻人，将满腹经纶和治国之道倾于笔下，写出一篇篇洋洋洒洒的文章。后来，乐天将这些文章编为四卷，便成了名赫一时的《策林》。

四月初，考试开始，韦贯之和张弘靖主考。考试题目为：自祸阶漏坏，兵宿中原，生人困竭，耗其大半，农战非古，衣食罕储，念兹疲甿，未遂富庶，督耕殖之业，而人无恋本之心；峻榷酤之科，而下有重敛之困。举何方而可以复其盛？用何道而可以济其艰？既往之失，何者宜惩？将来之虞，何者当戒？

乐天答曰：人民饥贫是由于赋税太重，赋税重是由于连年征战，而连年征战是由于边祸不断，边祸不断的最终原因是朝政的荒颓。要改变这些，首先必须惩治那些贪官污吏，使政局清正。同时减免苛税，使人民安居乐业，这样社会才能安定，国家才能由衰转盛。

他对策语直，针砭时弊，却因触痛掌权者，只入乙等。而元稹入了甲等，同考者韦惇、独孤郁、韦庆复、罗让、李蟠、元修等十八人登第。"文策高者，特授以美官"，四月二十八日，元稹被任命为左拾遗，乐天为盩厔（今作周至）县尉。

"酌人言、察人情，而后行为致"，乐天仍抱着一颗拳拳之心，想要一个舞台，施展自己的政治抱负，只是奈何，朝廷只需要听话的刽子手。

五月底，乐天离开长安城，赶赴一百三十余里外的盩厔县城。他在外为官的生涯拉开了序幕。那时他还不知道县尉的工作为何。

盩厔者，山城也，位于终南山脚下，隶属京兆府。盩厔县衙设七品县令一人，正九品下县尉两人。"分判众曹，收率课调"，县尉的主要职责便是协助县令审判案件，征收赋税。只是古往今来，赋税繁重，总有老百姓交不起，那时带人对百姓鞭抽棍打的县尉比比皆是，诗人高适曾写诗云："拜迎长官心欲碎，鞭挞黎庶令人悲。"

来到盩厔，了解到一切的乐天对官职多有不满。少年时代的颠沛流离，使他更加懂得下层百姓的疾苦和艰辛，又怎么忍心对他们多加苛求？可是，官阶已授，他只好勉强担任，应付上层的命令成了上策。

紫阁峰西清渭东，野烟深处夕阳中。

风荷老叶萧条绿，水蓼残花寂寞红。

我厌宦游君失意，可怜秋思两心同。

他厌宦游，叹失意。这不是他自视清高，而是心里的真实写照。刚到县衙的短短三个月时间，他就感觉颇不自在，对于那种对上奉承对下欺压的官场，他有一种真真切切的厌恶之感。或许从这一刻，那种亦官亦隐的人生态度便开始初见端倪。

他是可爱的，泾渭分明。既然不喜欢，他便放开，去那喜欢的地方寻求快乐。

素来喜欢游历的他，把心思放在了游山玩水之上。他流连在盩厔县的古迹名胜和秀丽山水中，去寻觅一场场难得的邂逅。在《盩厔县北楼望山》一诗中，他写道：

> 一为趋走吏，尘土不开颜。
> 辜负平生眼，今朝始见山。

走马上任不久，他便策马奔腾，前往距离县城三十里的仙游山。那里有宽两丈、水色黝黑的仙游潭，有为隋文帝杨坚修建的古朴仙游寺，还有隐居于此的世外高人。

> 暗将心地出人间，五六年来人怪闲。
> 自嫌恋著未全尽，犹爱云泉多在山。

他来到这个藏龙卧虎之地，去寻觅那隐世的高人："怜君古人风，重有君子儒。篇咏陶谢辈，风流嵇阮徒"的王质夫；"袖里新诗十首馀，吟看句句是琼琚。如何持此将干谒，不及公卿一字书"的尹公亮；还有失意文人穆三十六；隐逸诗者陈鸿……

得道亦有道，这些隐逸在仙游山上的文人儒士，都有着属于他们自己的过往，也有着隐世后的安然。过去成就了现在，他们的道貌仙骨，他们的悠然自得，他们的隐世之道，总少不了那隐藏在心间的故事。

乐天景仰他们隐于山水间的勇气，便经常来这里，与他们闲谈古今，谈论英雄。其中，他与王质夫往来最多。质夫，居于仙游寺，每日风餐露宿，研析文理。每次上仙游山，乐天必来仙游寺，必与他谈经论道。乐天视质夫为在盩厔最重要的朋友，更将他与田园诗人陶渊明、山水诗人谢灵运、竹林七贤中的嵇康和阮籍相较。

> 曾于太白峰前住，数到仙游寺里来。
>
> 黑水澄时潭底出，白云破处洞门开。
>
> 林间暖酒烧红叶，石上题诗扫绿苔。
>
> 惆怅旧游那复到，菊花时节羡君回。

这是他为仙游寺所作的《送王十八归山寄题仙游寺》。王十八，便是王质夫。在这白云缥缈的仙游山，林间暖酒，石上题诗，他找到了另一种生活方式。原来生活可以如此不羁、如此随性，这多多少少成就了他以后好似隐士般的心境。

除了仙游寺的隐士，他还有一位交好的友人，那便是整日与他共事的另一位县尉李文略。他们皆是喜爱山水的文人骚客，两人志趣相投，又都同情百姓，初来乍到的乐天自是对他生出惺惺相惜之意，并在《酬李少府曹长官舍见赠》中这样描绘二人的友谊：

> 低腰复敛手，心体不遑安。一落风尘下，方知为吏难。
>
> 公事与日长，宦情随岁阑。惆怅青袍袖，芸香无半残。
>
> 赖有李夫子，此怀聊自宽。两心如止水，彼此无波澜。
>
> 往往簿书暇，相劝强为欢。白马晚踏雪，渌醅春暖寒。
>
> 恋月夜同宿，爱山晴共看。野性自相近，不是为同官。

这应该是绝无仅有的画面吧，一个县衙的两个县尉，感情融洽，其乐融融，相伴而游，寄情山水，白马踏雪来，同宿共看月。在他初来衙门、心中惶惶不安时，是李文略温言相劝，在他只想徜徉山水时，欣然与他相伴。

李文略让他暂时忘掉了官场的那些黑暗。人生得一知己，夫复何求？

八月，阴雨连绵的季节，淅淅沥沥的雨，点点滴落，红凋香散，凄迷间增了几分感伤。李文略有事外出，他一个人待在县衙里，在那雨丝拉扯间的层层叠浪声中，只觉得世界沉寂一片，如静止般。

天阴，风起，雨落，丝丝成愁，一帘烟雨锁眉头，愁上了心头，几时休？一个人的雨天，总是容易寂寞，这一刻，他多么需要一个挚友陪他一醉方休。心血来潮时，他背着酒葫芦，冒雨在泥泞不堪的山路间，深一脚浅一脚地行了三十里，来到了仙游山上，只为与尹公亮对饮。

尹公亮，又名纵之，一位珍惜时间的苦学之士，诗文卓著的文人雅士，奈何功名不就，官运不畅，只能成为仙游山上的失意文人，隐居山林，勤学苦修。纵之见乐天狼狈不堪的样子低头浅笑，心里盈满炽烈的感动。后来，乐天把这次心血来潮写进了诗中：

惨惨八月暮，连连三日霖。

邑居尚愁寂，况乃在山林。

林下有志士，苦学惜光阴。

岁晚千万虑，并入方寸心。

岩鸟共旅宿，草虫伴愁吟。

秋天床席冷，夜雨灯火深。

怜君寂寞意，携酒一相寻。

怜君寂寞意，在那空寂的雨夜，他寂寞，尹公亮也寂寞，两个人共饮便消了那寂寞。

九月中旬，他听闻挚友元稹被贬官的消息，内心沉重。元稹任左拾遗后，不畏强权，针砭时弊，直言上谏，不料想得罪了权贵，被贬谪为河南县尉。只是没有最坏，只有更糟，元稹刚到河南没几天，母亲便忧病去世，他悲恸不已，告假回家奔丧。不久后，岳父也病逝了。

不知是玩笑，还是考验，老天如此随意地丢给了元稹三颗手榴弹，一切苦果只能自己吞咽。乐天听闻后，很为好友难过，但除了经济上的些许援助和情感上只言片语的安慰，他什么也做不了。奈何他只是小小的一县之尉，人微言轻。

官场，不过如此。浮浮沉沉，到头来，不知还能得到什么。

初任县尉，他本想摸着石头过河，如今却只怕如好友那般，搬了石头砸自己的脚。好在，他够幸运，在盩厔的生活还算适意。

第五章

当悲伤逆流成诗

那一年落雪染风华

　　飘飘落雪，走过一载又一载轮回的光阴，千万年循环往复，见证着人间悲欢。元和六年，瑞雪细密地飘到了初春，在天地之间翻飞起千姿万态的舞蹈。

　　同样的漫天飞雪，在不同人心中，却是不同的感触。农人们望着这纷飞的瑞雪，脸上笑开了花，因为他们望见了新一年的丰收。此时乐天的心却泛起了涟漪，始终难以平静，许多复杂的情绪涌到胸口，幻化成了美丽的诗篇。他挥笔写了一首《春雪》：

　　　　　　　　　　　……

　　　　大似落鹅毛，密如飘玉屑。
　　　　寒销春茫苍，气变风凛冽。

　　　　　　　　　　　……

　　他看见了春雪奔放的美，也似乎从这纷飞的雪花中窥见这一年的不平凡。他的思绪早已随着漫天舞动的雪花飞入命运的疾风，飞到了长安城里。

　　此时繁华的长安古城，同样是落雪纷飞，繁华之上裹着银装，更显长安城的静雅高贵。然而朝廷内部的政治局势，并不像看上去那样静好。政治的洪流，波涛汹涌，危机重重。

果然，很快朝廷中就传出消息，曾在"科举案"中被革新派打压、被宪宗贬谪的李吉甫，重新得到朝廷的任用。这样一个消息，就如一道飓风，横扫长安城。李吉甫的回归所带来的利弊众人可想而知。李吉甫本就对当年"科举案"中革新派的所作所为怀恨在心，再次临朝，正是昭示着旧贵族再一次崛起，因此必然不会对革新派心慈手软。

其实，在官场这么多年，见惯了坎坷与磨难，乐天知道自己的仕途前景并不乐观，遭贬谪也是他早已经习惯的变动。只是他不希望自己再被卷入这场政治斗争之中，成为无辜的政治牺牲品，那将会是一种最沉重的悲哀。

元和六年三月三十日，检校右仆射严绶因长期依附在宦官集团中，终于在这一年被提升为江陵尹、荆南节度使。乐天对此人的行径早有耳闻，让这样的无才之人担任要职，对江山社稷来说，无疑是有百害而无一利的。因此他向宪宗上书，直言进谏，痛陈提升严绶的弊端。然而当时的宪宗却沉溺于佛教，对乐天的上书并未理会。他的眼中只有功德无量的佛祖，而无江山社稷。

就这样，乐天付出了满怀的激情与感慨，却遭到了漠视。巨大的心理落差让乐天陷入沉郁。还记得年少气盛的时候，他认为好官一定是世间的大多数，一步步走来，他越来越失望，早已经推翻了自己最初的想法。身边的人多数都在明哲保身，就算他们不是贪婪无度的人，也没有人有勇气真正与奸佞为敌，敢于向皇帝提出自己的谏言。而他的直言进谏，却被皇帝忽视。悲哀的政治，悲哀的王朝，必然造就他悲剧的命运。

生活的不幸让乐天在阴冷的初春里再次遭遇了生命之痛。

初春的风，带着凛冽的寒，为他送来了一个悲恸刺骨的消息。他的母亲在长安的家中投井自杀，结束了她五十余载的人生沉浮。

好长一段时间，乐天都无法相信母亲离去的消息。他知道，母亲一生命运悲苦，经历了丧子又丧夫的悲恸，却始终把最好的微笑留给自己。其实，母亲之前曾多次想要自杀，因为被人救下，才没有死去。这一次，她终究是走上了自己选择的死亡之路。

母亲像风一样，轻轻地离去了。却在乐天的生命中刻下了难忘的伤痛。曾经那些鲜活的记忆在伤口里复活，日日夜夜缠绕着乐天的思绪。回想曾经，他的心海里泛起层层悔意。年幼时，母亲含辛茹苦，悉心呵护，将他培养成人，教他认字赋诗。然而，当他长大后，却未曾反哺母亲的恩情。在入仕后，他更是醉心于官场，而对母亲疏于照顾。"子欲养而亲不待也"，他重复了一段在结束时才想要好好开始的人性悲哀。

然而，曾经都是回不去的路，他只能在回忆里守望着曾经的故事，默默流泪，默默思念。

为了给母亲一个完美的人生结局，乐天对外声称，母亲是在摘花时不小心跌入井中的。母亲带着花的芬芳离去，奔赴了下一段芳菲人生。这是乐天对自己的安慰，也是对母亲的一种祝福吧。

带着无法言说的悲恸和对母亲深深的思念，乐天和弟弟将母亲的灵柩平安地运至故里，埋葬了母亲。也从此开始，他们进入了丁忧生活，为母亲尽最后一份孝心。

人生中的福祸得失总是相互依存。母亲的离去固然是一种莫大的悲伤，但乐天却因此躲过了一场斗争。李吉甫再次回朝，朝中必将面临一次重新洗牌。而乐天此时回乡丁忧，却幸运地避过了这场政治纷争。

这些年的官场沉浮，乐天见惯了欲望与权谋的斗争，他深知政治的灰暗，也懂得百姓的悲苦。而他却无力于现实，他一次次涨满的斗志，被坎坷的宿命吞噬，他"兼济天下"的理想，也在腐朽的王朝里渐渐消逝。那么，此时此刻，离开，才算得上是他最好的选择。

其实，乐天早已萌生了归隐之意，一件件事情累积下来，让他归隐的心情更加迫切。而这一次丁忧，是命运给予他的一次契机。

在《隐几》诗中，乐天表达了自己归隐的渴望。

身适忘四支，心适忘是非。

既适又忘适，不知吾是谁。

百体如槁木，兀然无所知。

方寸如死灰，寂然无所思。

今日复明日，身心忽两遗。

行年三十九，岁暮日斜时。

四十心不动，吾今其庶几。

生命的颠簸，命运的辗转，让他尝尽了各种人生味道。接连的打击让他积攒了诸多无力感。想必在看过喧嚣、历尽沉浮后，每个人心中渴望的，都应该是一种宁静吧。看夕阳西下，诗酒伴着繁花，那种简单的宁静，是漂泊者们最渴望的奢华。

时光曾经雕琢了他的渴望，又在他的脸上刻下了沧桑。时光带走了他的至亲，如今，他却还是要靠着时光的力量冲淡心中的伤。生命就是这样，在悲喜得失的循环里，演绎浮生万象。

安葬了母亲之后，乐天逐渐从悲伤中走了出来。他开始寻找归隐的乐趣。多年来，官场的钩心斗角、尔虞我诈，使得乐天的精神时刻都处于紧绷状态。如今他已经看淡了名利场上的残酷与多变，现在也只有宁静的山林才能填满他的渴望。他就像重回山林的鸟儿，感受到了久违的自由与清新。重生，总是那么可贵。

此时正值夏季，乡间阡陌相交，就像绿色的棋盘，一阵风儿吹来，荡起绿色的波浪。山林里树叶沙沙作响，互相簇拥着，传递欢乐的故事。这样的景色，是乡间寻常可见的，而对于乐天来说却是尤为珍贵的。

那段时光，让乐天感受到了生命中难得的清静。纯美的自然不光澄澈人心，还使乐天的身体疾患减轻了很多。他可以静心地参禅礼佛，品茶作诗。他的灵魂正经历着一次纯净的洗礼。

偶有兴致，乐天还会到渭水旁垂钓。坐在林荫之下，渭水岸边，他仿佛可以耳闻鱼儿的欢乐。微风吹着鱼线，他就这样在微风暖日里，享受着自然赋予他的一切美好。悠然的心，渲染了宁静的诗色，于是一首美丽的诗袅袅地在他心中浮起，归去后，便跃然于纸上。

> 渭水如镜色，中有鲤与鲂。
>
> 偶持一竿竹，悬钓至其傍。
>
> 微风吹钓丝，袅袅十尺长。
>
> 谁知对鱼坐，心在无何乡。
>
> 昔有白头人，亦钓此渭阳。
>
> 钓人不钓鱼，七十得文王。
>
> 况我垂钓意，人鱼又兼忘。
>
> 无机两不得，但弄秋水光。
>
> 兴尽钓亦罢，归来饮我觞。

一首《渭上偶钓》，描摹出一幅宁静的画。那种流淌在心底的欢愉着实让人欣羡。时光悠悠走过千年，历史的脚步让物质文明愈加繁华。当我们生活的脚步越来越快，就忘记了微风的温柔，感受不到鱼儿的欢乐，体会不到静默中的美好。追逐了一生浮名和财富，到头来才恍然大悟，灵魂已在奔忙的路上渐渐枯槁，这一生沧桑却辜负了生命真正的意义。

从乐天这时候的诗句中，我们清楚地看到，山林田园让乐天的文字变了味道，少了焦虑和惆怅，多了几分泰然和淡泊。

然而，命运却并未能持续同样的步调，那些冰冷的风雪依然会突如其来，给他带来刺骨的消息，他宁静的生活再一次被无情地打破。

乐天好不容易从丧母的悲恸中走出来，却又迎来女儿夭折的消息。他可爱的女儿，在生病十天后撒手人寰。女儿一直都是他的掌上明珠，病魔来袭时他却只能眼睁睁看着女儿离去。至亲相继离世，那种锥心的疼痛让他着实感到无力。悲恸交加之下，一首《病中哭金銮子》一挥而就。

岂料吾方病，翻悲汝不全。

卧惊从枕上，扶哭就灯前。

有女诚为累，无儿岂免怜。

病来才十日，养得已三年。

慈泪随声迸，悲肠遇物牵。

故衣犹架上，残药尚头边。

送出深村巷，看封小墓田。

莫言三里地，此别是终天。

这首诗可谓是锥心泣血，字字惹泪。他总是会忍不住想念女儿，看着女儿的衣物，就仿佛看见了她可爱的笑脸。然而，冰冷的现实摆在眼前，一方小小的墓地，刺穿了回忆里的甜。他静默地送别女儿，做了一个永生的告别……我们在历史长河里辗转经年，时至今时，依然能够真切地感受到乐天当时的心痛。

心中沉积下的抑郁，再一次诱发了乐天的疾患。这一次，乐天陷入了身心的双重痛苦中，唯有在佛法中寻求解脱。多年礼佛，他明白人生无常、生死难测的道理，但是，面对至亲的离去，他仍无法从容释然。悲伤汹涌成灾，唤醒了病魔，也染白了他的头发。

他的生活状况急转而下，一片萧索衰颓。丁忧归隐，他少了经济来源，生活水平大不如从前。如今的他眼疾越发严重，又遭逢亲人离世的打击，很难再平静地读书吟诗了。无奈之时，他甚至会在酒中寻求解脱。酒也是忧愁的伙伴，多少人想要借酒消愁，其实却不知酒入愁肠，愁更浓。

　　只能说，这一年风雪迅猛，让他尝尽了悲伤和刺骨的心寒。他在不惑之年迷失在悲伤里。然而，生命的下一个转角，又会遇到怎样的一片天？他不知道，也不敢去预想，只能无奈地挣扎在当下的灰色时光里。

光阴里的故事熬成了回忆

每一天的生命悲喜，总会沉淀成光阴里的故事。无论你过着怎样一种人生，都会被时光推搡着，走向下一段旅程。是无奈，也是幸运。因为当时光的转盘转动，也许会在下一段路上的光明里重生。

时光在乐天的生命中留下的伤痕，从深痛到复原，走了一段漫长的路，让乐天不得不在路上细细咀嚼生命中的苦。还好他心中燃着一盏佛灯，才让他有勇气走出迷茫。

当乐天的病情略有好转的时候，他便投身于附近的一座寺庙中，每日清晨从家中出发，在南坞游赏，悠闲地度过一天后，夜晚就暂住在寺庙中，每一次总会驻留十天左右。

他那样留恋寺庙，并非看破红尘，只是因为那袅袅的梵音中，有他渴望的宁静，有取之不竭的精神指引。在佛寺中，他可以避开车马喧嚣，彻底放空自己，忘记自己。

那一段时光虽然充满忧伤，却过得简单，乐天还曾赋《兰若寓居》一首：

> 名宦老慵求，退身安草野。
>
> 家园病懒归，寄居在兰若。

> 薜衣换簪组，藜杖代车马。
>
> 行止辄自由，甚觉身潇洒。
>
> 晨游南坞上，夜息东庵下。
>
> 人间千万事，无有关心者。

他感慨东庵夜的宁静，世间的烦恼被庄严的黑夜所覆盖。他惆怅的心情，仿佛也得到了寄托。放下人间千万事，方能修成一颗菩提心。他的境况似乎也在佛光普照中渐渐好转起来。

丁忧许久，乐天还是会思念他的那些老朋友。他有时候会担忧他们在政治风云中的安危，有时候会渴望有一个朋友能陪在自己身边，分享自己的禅悟心得。现实成全了他心中的渴望。这年盛夏，老友元稹来到了乐天的身边，就如同一缕清风，拂过他寂寞的心田。

元稹此来，是特地悼念乐天的母亲的。因为，当年元稹丁忧在家的时候，乐天的母亲将他照顾得无微不至，所以白母去世，令元稹心痛不已，挥笔写下了长篇的祭文，以表哀思。

两位老友虽然已经很久不见，但聚到一起的时候，彼此间仍有聊不完的话题。时光未能在他们心中沉淀出半点陌生感，有的只是熟悉和惊喜。元稹多年来在官场打拼，但是时至今日却依然豪情不减，这让乐天心中不禁佩服和赞叹。可是他也担忧，元稹这样耿直之人，在这险恶的政治场上，会越走越艰难。

这些日子里，他们彻夜促膝长谈，往昔岁月一一浮上心头，在世间飘零多年以后，他们心头有着说不完道不尽的感慨。岁月的风烟，未能迷惑他们的眼，反而在经过人生波折后，他们更加洞明世事。人生就是如此，许多事情看过了，看透了，最后才能看淡了。

乐天有些担心元稹，因为元稹自从妻子韦丛去世后一直孤独一人。这种真心的挂念，元稹是懂得的。这是真正的朋友，有些事，一言不发，彼此却能心领神会。那种情感的神交，胜过千言万语。

快乐的时光总是那么短暂，转眼间他们又演绎了离别的故事。挥一挥衣袖，乐天送走了元稹的江船。江水汤汤，涌动着诉不尽的哀愁。短暂的相聚过后，未来的路，依旧要各自独走。

元稹离开了，但是多日的交流却给乐天带来了醒悟。乐天下定了决心，不再沉湎于佛法和游乐，他要去做一些有意义的事情。

多年战乱，亲人四散，不能魂归故里。为此，乐天辗转多地，将亲人们的灵柩迁回故乡和母亲团聚。这一年金秋十月，乐天的哥哥白幼文从符离来与乐天会合，兄弟二人一同将那些逝去的亲人按顺序排好重新下葬，让亲人们得以在九泉之下团圆。这也了了乐天的一桩心事。

因迁坟一事能够与兄长相聚，兄弟二人在一起度过了两个月的时光。经历沧桑的人，会看淡一些尘世得失，会更看重一些真实的情感。此时内心孤寂的乐天，能够有亲人陪伴，实在让他感到幸福和满足。哥哥虽然是他的亲人，却有着自己的人生。当白皑皑的大雪落满枝头，他不得不送走哥哥。

那苍茫的雪色曾是乐天诗中纯洁的风景，它也是农人们渴望好收成的预兆。然而那一年冬天，它却大肆渲染了离愁。

有相聚时的幸福，就会有离别的苦，生命得失之间，总会找到一种平衡。乐天颤抖着身子，依依不舍地将哥哥送到村口。看着兄长远去的身影，乐天感慨万千，心中不舍之情汇聚成了一首浓情的送别诗《送兄弟回雪夜》。

日晦云气黄，东北风切切。

时从村南还，新与兄弟别。

离襟泪犹湿，回马嘶未歇。

欲归一室坐，天阴多无月。

夜长火消尽，岁暮雨凝结。

寂寞满炉灰，飘零上阶雪。

对雪画寒灰，残灯明复灭。

灰死如我心，雪白如我发。

所遇皆如此，顷刻堪愁绝。

回念入坐忘，转忧作禅悦。

平生洗心法，正为今宵设。

黄昏日暮，黑暗的帷幕徐徐落下，晕染了万物，一种浓稠渐次弥散。然而，离别却是必然的故事，纵使老泪打湿了衣襟，也只能挥手告别。那皑皑白雪，就如同他的华发。这一次离别，又有多少发丝染了斑白的愁。

人世沧桑，多少烦恼。乐天唯有静心于佛法，在禅思中忘忧。佛法，已经成为他精神的良药，在每一次疲惫和伤害中，让他重新找回生命原始的力量。

瑞雪肆意纷飞，朝廷之中又传来新的消息。乐天的好友裴垍离开了人世。自从裴垍被召回，就不断遭受排挤和打压。而裴垍本是刚正耿直之人，最后却遭到了驱逐，这让他难以忍受，愤懑纠结于心，最后郁郁而终。在裴垍去世后，朝廷中便更少了直言劝谏之人。贵族集团的力量越来越强大，宪宗为抑制其力量，又升进士集团的李绛为宰相。乐天与李绛曾一同在翰林院共事，所以有很深的交情。李绛此时被擢升为宰相，无疑是被推到了风口浪尖上。乐天十分担忧，李绛会步裴垍的后尘。

官场险恶，错综复杂，古往今来，许多文人都曾将满心的豪情壮志抛洒在朝堂之上。然而，许多人殚精竭虑地奉献了自己的才华与热血，却白白成为了政治的牺牲品，这是一个时代的悲哀。

而此时的乐天，对于自己远离朝廷，归隐田园，心中充满了适意和满足。于是，他挥笔作诗《适意二首》，用文字记录心情：

十年为旅客，常有饥寒愁。三年作谏官，复多尸素羞。

有酒不暇饮，有山不得游。岂无平生志，拘牵不自由。

一朝归渭上，泛如不系舟。置心世事外，无喜亦无忧。

终日一蔬食，终年一布裘。寒来弥懒放，数日一梳头。

朝睡足始起，夜酌醉即休。人心不过适，适外复何求。

早岁从旅游，颇谙时俗意。中年忝班列，备见朝廷事。

作客诚已难，为臣尤不易。况予方且介，举动多忤累。

直道速我尤，诡遇非吾志。胸中十年内，消尽浩然气。

自从返田亩，顿觉无忧愧。蟠木用难施，浮云心易遂。

悠悠身与世，从此两相弃。

——《适意二首》其一

墨香飘飘，诗意袅袅。从这首宁静的诗文中，我们看到了一个面庞沧桑的文人，游走在山林田园。他抛却了尘世功名的浮云，他放下了曾经的满腔豪情，惬意地过着他的诗酒人生。半生追逐功名，到如今，他不得不感叹：放下，真好！

麦田里的期望

瑞雪兆丰年，却是一半欢喜一半忧。麦苗盖上了一层又一层的被子，它们一定很暖和，寒冷的冰雪是帮助它们成长的肥料。每到冬天，百姓都期盼着漫天大雪，只是这皑皑白雪带来的寒流却实在令人难以忍受。

冬天，是农家人最悠闲的时节，也是他们最难熬的时光。飘飘落下的白雪已经将整个世界全部掩盖，村落里有人扫出了几条弯弯曲曲的小路，还有几缕青烟向天空飘去。只有雪天才会这般静谧，万物都睡着了，只有贪玩的几个小孩儿在院子里做着游戏。女人们坐在暖炉旁做着针线活，男人们静静地坐在一旁。一旦到了数九寒天，他们都不愿意出门，只想在家中待着，享受温暖。破旧的棉袄已经不能抵御外面的严寒了，仅有茅草屋是心灵的归属，将自己的身躯温暖。

这一年冬季，乐天在平静而孤独的守望中度过。在长时间的静养中，他的身体恢复了许多。一到春暖燕归的时候，他便开始出门游走。去了他一直向往的蓝田山。蓝田山景色秀美，让他流连忘返，怎奈身体孱弱，他没有力气登到山顶，只得返回家中。

山林美景，让人心旷神怡。但是，当乐天回到家中时，却不得不面临现实的问题。他的家庭经济状况日益窘迫。所以，为了生活，他不得不去耕种，来维持生计。

曾经朝廷的大臣，万千荣光集于一身，今时却落脚田园，整日躬身与黄土为伴。许多人不解，非议他的窘困与落魄。但是乐天却并不在意那些非议。他甚至十分享受这耕种的乐趣。他整日面朝黄土背朝天，挥汗如雨，但是心中却格外踏实。他的双脚扎根于大地，仿佛汲取了大地的能量。

这样的日子里，他再也不必每日殚精竭虑地思虑官场上的尔虞我诈。他只要用心呵护田中的小苗，等到秋天收获粮食就很满足了。这种有付出有收获的日子是极为简单的，每日都充盈着无限的幸福。而对于陶公归隐田园的超然心境，乐天也有了更深的体会。于是，他便写下了著名的《归田三首》。

> 人生何所欲，所欲唯两端。
>
> 中人爱富贵，高士慕神仙。
>
> 神仙须有籍，富贵亦在天。
>
> 莫恋长安道，莫寻方丈山。
>
> 西京尘浩浩，东海浪漫漫。
>
> 金门不可入，琪树何由攀。
>
> 不如归山下，如法种春田。
>
> ——《归田三首》其一

因为他有一双洞明世事的眼眸，才能将许多事看得透彻，他轻轻絮语，说出了许多人心中的渴望。有的人爱慕富贵，有的人渴望当神仙。只是当神仙也要有资格才行，而有时候富贵与否更是要看天意、看命运，自己强求不来。去往长安城朝圣的路，还有那佛门的皈依之路，都不是好去路。归于山脚之下，躬耕田园，才是最好的归处。

这诗是乐天当时最真实的心声，诗句里涓涓流淌的，是他对自己耕种的田园生活的无限满足。

乐天虽然效仿陶公归隐，但是他却有着与陶公的不同之处。因为他的心中始终未能忘却朝廷中的政事。这个朝廷上曾经的过客，如今成了十足的看客，却依然会关注和思索。

元和八年，朝中又掀起了一场新的风浪，新老集团的斗争愈演愈烈。但是，无论哪一方得胜，都会是两败俱伤，而从中渔利者，却是皇帝。朝中之人醉心于瓦解敌对集团的势力，便都忽视了这一点。而乐天此时作为一个局外人，却将这样的事实看得十分清楚。可纵然他心若明镜，却于朝廷政事无半点意义。只得无奈叹息一声，继续躬耕。

春耕的季节里，乐天播种下希望的种子，精心呵护着他的田地，就像守护自己的孩子一般。偶有闲暇，他还会翻阅古籍。这段时间里，他尤其喜欢研读陶公的诗文。每每读来，都会有一种全新的体会。后来，乐天还作《效陶潜体诗十六首》序言及诗文，字里行间流露出了他对田园生活的热爱，还有对陶公的崇拜。此时陶渊明俨然已经成了乐天的精神偶像。

时光悠悠，生活虽然简单，但乐天的身心充满了双重满足感，他把农人和文人两个身份都做得很适意。

他的灵魂在古籍的普照中不断进步，田里的苗儿也在他的呵护下不断茁壮成长。转眼间，流光飞驰，点燃了盛夏的激情。

这是一个鲜活的季节，花红柳绿总是填充着艳丽的色彩，田间的劳作少了起来。天气晴好的时候乐天会去看看田地，看看周围的风光。下雨天里，乐天则会待在屋子里，聆听雨的乐章。在叮咚的雨声中，他会陷入回忆，想起那些逝去的亲人和朋友。

这年的秋天悄悄来临了，曾经翠绿的树叶开始变得枯黄，纷纷落下，像是黄色的蝴蝶在漫天飞舞。它们旋转着灵动的身躯，慢慢滑落，用尽最后的力量，演绎凄美的浪漫。年迈的梧桐树下有一口枯井，不知道曾经由谁使用，现在井口已经布满了灰尘,朝井中望去,幽深中散发着寒气。还有几片树叶向井中飘落,不知道它们是否找到了归宿。在这伤感而浪漫的秋色里,乐天结束了他三年的守孝期,但是此时朝廷并未给乐天安排新的职位,所以他此时仍在家中务农。这时,他唯一要做的,就是等待,等待庄稼熟透,等待未来那未知的人生。

秋天正是菊花盛开的季节,空气里还有菊花淡淡的香味,不禁让人心旷神怡。只是篱笆边上的花已经开始衰败,这是它们的命运,繁盛时期的它们不知引来多少人欣赏的目光。现在,枯萎的身躯只能等待着埋进泥土的瞬间,才能重回母亲的怀抱。这样的景致,让乐天不由得陷入哀伤。

此时乐天已经厌倦了官场的争斗,但当他得知朝中又一位曾与自己志同道合的朋友薛存诚离世的消息,却不由得震惊了。薛存诚是个刚正不阿的真正有才华之人,他全心全意地为朝廷贡献力量,处处心系江山社稷,心系黎民百姓,可最后却被丑恶的政治斗争所排挤,最终在病魔的纠缠中含恨离世。

生死之事,拥有着撼动人心的力量,薛存诚的死,的确让乐天那颗向往清静无为的心受到了不小的震撼。无论是作为一个过客也好,看客也罢,他的心,始终还是对政治有所挂念的。对政治的渴望虽然会被那田园的生活冲淡,却心心念念从未断过。这样的心绪在慢慢积攒,也许只等某一个诱因出现,再倾泻而出,爆发出强大的力量。

乐天在田间耕作的消息不胫而走,那些在朝为官的朋友都深感可惜。得知乐天经济窘困后,他们都纷纷送来了温暖的支援。被贬的好友元稹也频频接济他,这让乐天十分感动。在这样险恶的官场上,能得到这般纯洁的友谊,对于他来说,是十分珍贵的。

寒冬来临,气温骤降,冰冷将世界笼罩在怀中。这一年的收成并不是很好,可百姓们依然要缴纳各种税收。此时乐天的生活虽然很清贫,但是因为朋友们的接济,相对于其他农人来说,算得上是富裕了。

眼前百姓们的苦难,让他不禁想起了童年经历的战乱、饥荒,他算是幸运的，并没有受太多的苦难，毕竟父亲在朝为官，吃穿不成问题。但是身边那些伙伴经常忍受着饥饿与苦楚，这些他都看在眼里，记在心里。遇上十分不景气的年份，甚至有人因为饥饿和寒冷而死去。这些惨烈的情景触动了他幼小的心灵。如今悲剧在眼前重演，折磨着他那颗忧国忧民之心。

所以，吃饱穿暖的时刻并不是乐天开心的时候，当他享受世间的温暖时，总有一种罪恶感伴随着他。因为他看见的是百姓衣不蔽体，食不果腹。而自己又做了什么贡献，可以享受食物，穿暖衣裳？

夜深人静的时候，他经常会在雪地里踱步，仿佛在思索着什么，又仿佛在寻找着什么。也许，他是想将自己的希望播种在这雪地里，等待着春天的来临，希望这片土地上长出最好的庄稼。

佛光里寂静的禅思

碧蓝的天空包绕着大地，那么深邃，那么忧伤。夜晚的天空显得格外低沉，好像是忍受了千年孤寂，等待着亲吻他深爱的大地。月光还是那么美丽，细腻地照着大地，仿佛一个多情女子的双眸，清澈中透着柔情。月色撩人，她用自己的温柔碰触着寂寞的人心。

一花一世界，一叶一菩提，世上芸芸事，怎能轻易禅悟，看透一切？世事虽充满苦难，却难以阻挡乐天追寻佛陀之心。乐天对佛教的痴迷是有目共睹的，他每到一地，都会寻找佛寺修行之所，去焚香拜佛，体悟那种出世的宁静。

关乎佛事，乐天常常会回忆起在朝为官时和好友钱徽一同游访青龙寺的光景。他们曾亲眼目睹了大师为弟子传法的庄严仪式，也充分感受了佛教宗派的不同修行之法。

并且，令乐天一直难以忘怀的，是那一次游览完青龙寺后，正赶上天色烟青，小雨如细沙般纷落。当雨丝缠绵飘落在乐天的身上时，便氤氲了一幅充满诗意的画卷。他心中有感而发，写了《青龙寺早夏》一诗：

尘埃经小雨，地高倚长坡。

日西寺门外，景气含清和。

闲有老僧立，静无凡客过。

残莺意思尽，新叶阴凉多。

春去来几日，夏云忽嵯峨。

朝朝感时节，年鬓暗蹉跎。

胡为恋朝市，不去归烟萝。

青山寸步地，自问心如何。

　　身处这宁静的图景里，又怎能不让人心醉神迷？那些尘世喧嚣，那些朝堂纷争，都在这如梦般的青山烟雨里显得微不足道。

　　时光转了几轮，命运又变了几分。世事的变化，总是出乎人的意料，可命运却没有将乐天的人生转向光明的一面。此时的乐天，眼疾更加严重了。亲人和朋友一个个离去，让他饱尝了生离死别之苦。思念的泪一次次地流下，心中的伤，却从未愈合。他的眼前仿佛蒙上了一层纱幔，让他很难看清眼前的事物。尤其是到了夜晚，视线就会变得更加模糊。

　　都说眼睛是心灵的窗口，可如今因为眼疾的影响，世界在乐天的眼中失色了。寻医问药也不见好转，他的身体越发孱弱，这使得他的心也陷入了沉郁。

　　好友钱徽听闻乐天因生活拮据而在田间务农，又患有严重的眼疾，十分痛心。所以，他不仅在钱财上予以乐天帮助，还亲笔写了一封信，表达关心慰问。这封信件对于乐天来说是字字抵万金，因为其中饱含了他们彼此间真挚的情谊。

　　乐天感动之余，赋《得钱舍人书问眼疾》一首，表达自己心中对友人的感激：

春来眼暗少心情，点尽黄连尚未平。

唯得君书胜得药，开缄未读眼先明。

　　眼疾一直影响着他的心情，可钱徽的书信却胜过良药，如今他十分落魄，还能得如此惦念，这让乐天十分感动，足以温暖他被现实冷落的心。

时光不问世事的苦乐，悠然走过，转眼间又是一年春季。每一个春季里，燕子回还，万物生发。这是一个充满生机和希望的季节。而这一年的春季，除了看见熟悉而朦胧的春色之外，乐天并没有看见太多的希望。此时的他，生活陷入窘境，家中的积蓄越来越少，虽然朋友连番接济，但是却并不能给他们这一家人的生活带来太大的改观。乐天的弟弟行简面对家中窘境，决定远走他乡，应剑南东川节度使卢坦的邀请，去梓州做他的幕僚。

于是，乐天的生活中，又一次迎来了离别，他挥别弟弟，潸然泪下。他忍着疼痛，看着整个世界和弟弟的身影在眼前模糊，灿烂的春色却被离别渲染成了悲伤的图景。

弟弟因为家中贫困潦倒的生活而不得不远走他乡，这让乐天心中充满了深深的自责。在弟弟行简远走之后，思念和愧疚便紧紧地缠绕着乐天的心。他曾多次想要去找回弟弟，但是却被疲乏病弱的身体牵绊了脚步。这份对亲人浓浓的牵挂之情，也让乐天明白了许多。这些年一直追寻佛法，但他却并未能够真正做到六根清净。世事里的悲欢离合还是会时时刻刻缠绕着他的心。在这个世界上，仍有许多他的不舍和挂念。所以，对于无欲无求的佛法，他也便不再过于执着，只求安稳地度过现世，和亲人朋友相伴，走完以后的人生。

行简的远走，对于改善家中的经济状况并没有太大的作用。乐天觉得，眼下之计，唯有他再度做官，才能解决家中的窘境。他希望通过此时在朝做官的朋友帮助他谋求一个官职。

其实，这样的想法已经在他的心中盘桓良久了。眼下家中经济状况告急，诱发了他再次做官的念头。乐天虽然不做官多年，但对于朝中之事，也是洞若观火。所以，他也对朝廷的安危，有一些担忧，他内心里仍有一种不可磨灭的呼唤，渴望能够为朝廷做一点贡献。

所以，诸多原因促成了乐天再度为官的想法。于是他给好友钱徽和崔群写了一首诗，叫作《渭村退居寄礼部崔侍郎翰林钱舍人诗一百韵》：

> 圣代元和岁，闲居渭水阳。不才甘命舛，多幸遇时康。
> 朝野分伦序，贤愚定否臧。重文疏卜式，尚少弃冯唐。
> 由是推天运，从兹乐性场。笼禽放高蕣，雾豹得深藏。
> 世虑休相扰，身谋且自强。犹须务衣食，未免事农桑。
> 薙草通三径，开田占一坊。昼扉扃白版，夜碓扫黄粱。
> ……

诗文洋洋洒洒，表达了乐天的心声。其中记录了他与友人结下的珍贵情谊，还有他们曾经一同结伴游历的美好回忆，以及朋友对自己的关心。但在这诗文里，不仅仅是回忆和感激，还有他渴望回到官场的强烈意愿。此前乐天虽然曾多次表达归隐的心声，但是一个曾经被天子赏识的臣子，一个在官场上打拼多年的文人，从根本上来说，是不会就这样轻易放弃自己的政治理想的。

好友在收到了乐天的书信后，开始为他为官之事奔走。此时的钱徽和崔群在朝中可以说是位高权重，所以乐天知道，自己为官的事情应该不会太难。

也许是因为心中重新点燃了希望，乐天的眼疾也逐渐有了好转。所以，他决定在重返官场之前好好游玩一番。于是，他再一次来到了蓝田山。上一次他没有攀登到山顶，心中留下了不小的遗憾，这一次，他决定攀上山顶，尽情游览一番。而又恰逢好友张殷衡来访，于是八月初的一天，乐天就与好友结伴前往蓝田山。

第六章

颠簸于命运的歧路

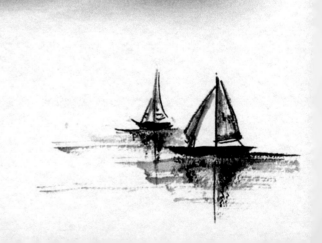

风雪中不屈的魂

蓝田山，暖日普照，烟云缭绕。整个岭区林木茂盛，绿草如茵，溪流潺潺，空气里浮动着芬芳。到处都是蝶飞蜂舞、虫鸣鸟啼……一派生机盎然的景象。

面对这美景，乐天感到心旷神怡，觉得不虚此行，而在欣赏了美景后更是不忘浏览此地的悟真寺。

颠簸的山路引着他们来到寺前。湛蓝的天空下，悟真寺宁静而祥和，寺庙里，袅袅的佛香飘散到天际，带走了许多人世的烦忧与喧嚣。他甚至萌生了留在此地，从此与青山古寺为伴的念头。乐天在这寺中流连了五日。每日，他都会聆听这里的僧人讲法，欣赏这寺庙里每一处特殊的景致，就如同细细地鉴赏着一件独特的艺术品。

在这里的每一天，乐天都会有全新的感受。所以，在归去后他仍然忘不了悟真寺的美好，便将这几日的感受汇聚成了一首诗作——《游悟真寺诗一百三十韵》：

> 元和九年秋，八月月上弦。我游悟真寺，寺在王顺山。
> 去山四五里，先闻水潺湲。自兹舍车马，始涉蓝溪湾。
> 手拄青竹杖，足蹋白石滩。渐怪耳目旷，不闻人世喧。

山下望山上，初疑不可攀。谁知中有路，盘折通岩巅。

一息幡竿下，再休石龛边。龛间长丈余，门户无扃关。

俯窥不见人，石发垂若鬈。惊出白蝙蝠，双飞如雪翻。

回首寺门望，青崖夹朱轩。如擘山腹开，置寺于其间。

入门无平地，地窄虚空宽。房廊与台殿，高下随峰峦。

岩崿无撮土，树木多瘦坚。根株抱石长，屈曲虫蛇蟠。

松桂乱无行，四时郁芊芊。枝梢裛青翠，韵若风中弦。

日月光不透，绿阴相交延。幽鸟时一声，闻之似寒蝉。

首憩宾位亭，就坐未及安。须臾开北户，万里明豁然。

拂檐虹霏微，绕栋云回旋。赤日间白雨，阴晴同一川。

……

离开了悟真寺，张殷衡要赶去江东赴任，便不得不与乐天暂时告别。临行前，张殷衡向乐天求诗一首，希望以此来作为纪念。乐天写下了《游悟真寺回山下别张殷衡》送给好友：

世缘未了治不得，孤负青山心共知。

愁君又入都门去，即是红尘满眼时。

短短几行字，却写尽了君心。青山翠色中他们共同度过了几个朝暮的轮回，而转眼间便到了分别之时，佛门虽好，但是他们各自仍有未了尘缘。

送走了友人，乐天又去游览当地的另外一个寺庙。此庙名为感化寺，寺庙本身虽不出名，但寺中有一僧人，相传他自入方丈室以来，二十年来都不曾出室，这僧人名叫义福，后来他的故事被人们传为佳话。

但是，在这里更让乐天感到意外和惊喜的是，他竟然在这寺中的墙上看到老友元稹和刘敦质所题写的诗作，并且他也曾听闻王维在此题过一首《过感化寺昙兴上人山院》，于是百感交集，诗兴大发，也在此写下了《感化寺见元九刘三十二题名处》一诗：

微之谪去千余里，太白无来十一年。

今日见名如见面，尘埃壁上破窗前。

"微之"是元稹的字，元稹被贬去江陵，如今距离自己千余里。"太白"是刘敦质的字，刘敦质在贞元二十年就英年早逝了，距今已有十一年了。乐天与元、刘二人都是早年就相识的，谁知多年后几人却分散各地，甚至天人永隔。回忆在眼前浮动，可世事无常，令他感到无奈。时光轮换，世事更新，有些人成了过客，而有些人却成了故人。人生之事，正是如此，说来简单，却意味深刻。

萧条的秋是造物者的杰作，不仅承载了夏的热烈，还要成为冬的使者。它注定是人思绪万千的季节，也是人思念如泉涌的季节。大雁已经开始急速向南飞去，好像秋天马上就要结束了，它们风雨兼程地要飞到温暖的地方。这里的寒冷已经让它们难以忍受，只有加快速度才能在严冬来临之前找到过冬的地方。邻居家的公鸡也知道冬天就要来临了，黑夜变得漫长，于是推迟了打鸣儿的时间。万物有灵，面对季节变换，昼夜更替，万物都用自己的方式适应这些变化。

面对这样的景致，乐天眉头紧锁，愁思渐上心头，却难以用语言来表达。沉默中包含了太多的无可奈何，只有那忧伤的眼睛说明了一切。思绪全部被搅乱，好像失去了诉说的能力。萧萧的秋风迎面袭来，露水已经结成了霜，他突然觉得寒凉，原来穿着单衣就走了出来，现在才觉得寒冷。或许是秋风太过冰冷，或许是那颗炙热的心已经凉了，才让人备感凄凉。

朝廷中政治又起波澜，淮西节度使吴少阳去世后他的儿子吴元济意图谋反。朝廷在得知叛乱消息后立刻派兵征讨，而乐天的挚友元稹也随之出征。但偏偏此时，元稹家中又传来不幸的消息——元稹的妾室安氏因病离世。乐天在担忧元稹之际，又为元稹感到痛心。元稹是个重情之人，而爱人一个个离他而去，想必他一定是伤心至极。

宪宗一边派军征讨着叛变的吴元济，一边平衡着朝中的势力。旧贵族集团的代表人物李吉甫病逝，一时间群龙无首，因此进士集团欣欣鼓舞。这对于乐天来说，也是一个很好的消息，这就意味着他的复官之路会更加顺通。可乐天怀着这样激动的心情等待了一个多月，却迟迟不见朝廷的旨意，原来的兴奋之情，在日复一日的等待中变成了嗟叹和忧虑。某夜，他辗转难眠，写下了一首《夜坐》来表达心境：

庭前尽日立到夜，灯下有时坐彻明。

此情不语何人会，时复长吁一两声。

每一个白天与黑夜交替的过程，他都无法停止思绪的转动，他心中想说又难言的苦衷，又有谁能够理解？无奈之下，他只得将满腔的忧愁，化作长叹之声。

黑夜再漫长，也总会迎来黎明，在熬过无边的黑暗之后，乐天的生命也终于迎来光明。一个好消息，惊破了他苦苦的等待——当年曾经因"科举案"遭到贬谪的主考官韦贯之，再度复出成为了进士派的领导人物。乐天与他私交甚好，而且当年乐天曾直言进谏，为韦贯之鸣不平。如此，经韦贯之、崔群和钱徽三人运作，乐天被召回朝中，担任左赞善大夫一职。

就这样，在归隐田园四年后，乐天又回到了朝廷。赞善大夫一职是专为东宫太子而设的，主要是规劝太子，提出一些谏言，一般情况下是不得干涉朝政的，所以，离皇帝很远。这样一个官职，正合乐天的心意，因为可以避免卷入政治纷争。所以他在接到诏书之后，顾不得天寒地冻，便匆匆前去赴任。因为他的心中充满了喜悦，这喜悦足以抵挡这冬日里的寒冷。他在冰雪中孤独地奔向长安城，奔向了他心中渴盼的希望之春。

　　初到长安，乐天因为没有足够的金钱在皇城附近租房住，便在距离皇城较远的曲江边的一个院落里落脚。每日上下朝很不方便，尤其天气不好的时候，便更加艰难。而这些困难对于当时的乐天来说已经算不了什么。经历了四年乡间生活的磨炼，他已经成为了一个不畏风雪的勇士。

浓情在时光里喧哗

时过境迁，沧海桑田，乐天已经成为一个成熟的男人，少年情怀渐渐消失。如今的乐天，虽然没有了往日的激情，但是他仍然不愿意改变本心。他只想做一个真实的自己，不愿意做那些有违君子之道的事情。随着时间的流逝，他成为了那个圈子以外的人。

他讨厌那些热闹的宴会，酒色财气是男人的大忌，不知道多少英雄好汉都败倒在这些浮华的东西上。贪财好色，好饮贪杯，那些恶习总是对人有一种莫名的吸引力，意志力薄弱的人更是无法抗拒。这就是一个又一个贪官堕落的罪恶根源，总有一种身外之物让他们心动，难以抗拒，最后越陷越深，终于走向了深渊。

乐天的身边出现了很多这样的人，他不仅寒心，而且痛心，他不知道为什么一个满怀抱负的人会变成一个追名逐利的小人。用百姓的血汗钱换来自己的饱暖却没有为百姓争取到任何利益，难道这就是所谓的君子所为？这与强盗又有什么分别？

此次回朝，他已将许多事情看淡。虽然身为官场之人，却渐渐淡出了官场的圈子。志向不合之人，说破了嘴也是毫无意义。而真正的朋友，就算是一言不发待在一起，也很舒服。他一面拒绝一些人，一面又深切地渴望着真朋友。

命运仿佛听到了乐天的心声。元和十年正月刚过，老友元稹就回到了长安。并且在元稹回来后没多久，当初随着王叔文一起被贬官的刘禹锡、柳宗元也都被重新召回了京城。曾经知心的朋友一个个还朝，这对于乐天来说，就是天大的喜事。

此时政坛之上，也一改往日沉闷的氛围，忽然变得热闹起来。几位志同道合的人相聚在一起，除了讨论当前的政治情况，就是结伴去游山玩水，饮酒赋诗。他们还都对佛教有着浓厚的兴趣，于是经常往来于长安的各大寺庙。在这段时期，乐天也变得开朗起来，他经常邀请朋友们到家中做客，饮酒赋诗，谈古论今。在《朝归书寄元八》中他将那段光阴完好地封印在了文字里：

进入阁前拜，退就廊下餐。归来昭国里，人卧马歇鞍。

却睡至日午，起坐心浩然。况当好时节，雨后清和天。

柿树绿阴合，王家庭院宽。瓶中鄠县酒，墙上终南山。

独眠仍独坐，开襟当风前。禅师与诗客，次第来相看。

要语连夜语，须眠终日眠。除非奉朝谒，此外无别牵。

年长身且健，官贫心甚安。幸无急病痛，不至苦饥寒。

自此聊以适，外缘不能干。唯应静者信，难为动者言。

台中元侍御，早晚作郎官。未作郎官际，无人相伴闲。

转眼间离开官场已经许多年，乐天与友人更是阔别数载，而如今朋友们能再度相聚，可以说是很大的缘分。雨后的天空一片湛蓝，庭院里绿树葱葱。禅僧和诗客轮番前来相聚，日夜妙语连珠地畅谈，诗酒茶香浸染。这样的日子，是乐天梦寐以求的人生。

然而，快乐的时光总是稍纵即逝，危险在暗中窥视。这群人整日开怀畅饮，经常成群结队地出现在朝中，很快就引起了朝中旧贵族以及宦官集团的注意。

进士集团的人物相继回朝，已经触及了他们的利益，如今又如此大胆招摇，他们必定要除之而后快，所以便想尽办法开始散布谣言。

最后，刘禹锡、柳宗元等人，在重回长安的一个月后，再次被贬至人烟稀少的荒凉之地。而乐天因为在朝中的官职无关紧要，所以并未被列为主要排挤对象。

刚刚还在眼前的欢声笑语，转眼间就成了一片寂寥。乐天的生活又陷入孤单。只是，得而又失的落差所产生的痛苦，要远远大过从未得到。可现实就摆在眼前，除了接受和忍耐，也别无他法。

每当夜深人静，寂寞来袭，乐天只得将自己愁苦的情绪放逐书海。但受眼疾影响，他不能过度用眼，只得将寂寥情怀遣入梦中。在梦里，他见到了曾经的挚友裴垍，梦中浮现了两人曾经在一起的许多画面：共同在朝为官，共同畅饮抒怀，畅谈人生理想。那些往昔时光里美好的故事，在梦中又重新走了一番。然而，梦终会醒，他还是要生活在没有裴垍的现实生活里。于是在空虚与失望之际，他写下了这首《梦裴相公》：

五年生死隔，一夕魂梦通。

梦中如往日，同直金銮宫。

仿佛金紫色，分明冰玉容。

勤勤相眷意，亦与平生同。

既寤知是梦，悯然情未终。

追想当时事，何殊昨夜中。

自我学心法，万缘成一空。

今朝为君子，流涕一沾胸。

有人说，你梦中出现那个人，是因为他想念你，所以才来到你的梦中与你相见。可是，不管是乐天思念裴垍，还是裴垍想念乐天，他们都无法再在这个世界碰面。纵然梦中重现了昨日光景，可梦醒之后，乐天不得不独自面对人生寂寥。他孤苦一人，不得不承受两个人的悲伤。

人生未能顺意，乐天只能将满腔情怀遣于佛法之中。他后来闲游到安国寺，与广宣和尚品茗礼佛，还留下了诗作《广宣上人以应制诗见示因以赠之诏许上人居安国寺红楼院以诗供奉》：

> 道林谈论惠休诗，一到人天便作师。
> 香积筵承紫泥诏，昭阳歌唱碧云词。
> 红楼许住请银钥，翠辇陪行蹑玉墀。
> 惆怅甘泉曾侍从，与君前后不同时。

这首诗的大意是：闻名遐迩的广宣和尚被皇上拜为佛学老师，多次出席皇上的宴席，也曾应制作诗。皇上非常喜爱他，赐他入住安国寺红楼院，可以时常乘坐皇上的辇车出行于皇宫内外。乐天感慨自己与广宣和尚都曾是皇上身边的近臣，但却不能同时侍奉皇上，所以有感而发写了此诗。

广宣和尚看后欣喜万分，命人好好珍藏，并提笔为皇太子赋诗一首。诗中也不忘称赞乐天几句，他说太子身边可谓人才济济，能有这等能人贤士，前途必定光明。

当乐天还徜徉在佛海之际，朝廷中的纷争故事仍在不断上演。这一次，乐天没有幸免，也被卷入了这场斗争之中。淮西节度使的儿子吴元济隐瞒父亲死讯，带兵背叛了朝廷。宪宗派人去征讨，但数月之后并无胜利回朝的迹象，因为淄青节度使李师道又在暗中帮助吴元济烧毁了朝廷军队的粮草。李师道与吴元济又派杀手潜进长安城内，暗杀主张用兵的宰相武元衡及御史中丞裴度。宰相武元衡被暗杀后，裴度也遭到偷袭，但只是受了点伤，并无大碍。

乐天听闻在皇城之内，竟有如此恶劣的行径，气愤不已。尽管宰相武元衡是旧贵族的代表，乐天的好友刘禹锡等人遭到贬谪也与他有着紧密的联系，但叛乱当前，朝廷的利益才是首要的。于是乐天上书劝谏宪宗，要求皇上严惩凶手，以示国威。但乐天这一举动很快又为自己招致了不小的祸患。

旧贵族和宦官集团有人上书指出，乐天此时并不是谏官，越级上书有违朝纲，应当受到严惩。宪宗本没有在意这些言论，但无奈旧贵族不断施加压力，因此不得不采纳旧贵族的上书，考虑对乐天进行惩治。

一波未平，一波又起。旧贵族中又有人将乐天当年所写的《赏花》《新井》两首诗与他母亲坠井而亡的事联系起来，说乐天有大不孝的行为。如此品行之人留在太子身边，极不合适。

时任宰相的韦贯之迫于朝中各方的压力，不得不将乐天贬官。起初是要贬乐天为江州刺史，但是，当时担任中书舍人的王涯担心乐天做江州刺史会遭到旧贵族和宦官集团的排挤，于是上书说乐天所犯罪责不宜担任一州之长，所以最后乐天被贬为江州司马。虽然很难说清王涯的真正用意，但这样一来，乐天再也不能对两大集团造成威胁，他也就安全了。

其实对于贬谪，乐天并不在意，因为从他重回朝廷的那一刻起，他就已经做好了有可能再度被贬的心理准备。但是，令他未曾想到的是，母亲的死，竟然成为了他被贬官的导火索。真是欲加之罪，何患无辞。但转念一想，离开这是非之地，也许并不一定是坏事，便也释然了许多。

未来的路不管怎样也要走下去，人生几十载，他早已饮尽了岁月的风雪。下一站风景，他已能够淡然面对。

随着命运的风飞舞

对于被贬官的事实，乐天已经在心里慢慢接受，但是诏书迟迟未下，这种等待却让他的心时刻承受着煎熬。

虽然被贬谪已经成为不可改变的事实，但是今后江州的生活是怎样的却未可知晓。他早已经过了满怀激情的年纪。对未来，他的忧心，也许大过期待。他心中的美好，更多是在回忆里。宁静的日子里，他总是会回忆起那些曾一起在朝为官的挚友。欢欣岁月里，他们为着共同的政治理想而在官场里打拼，他们因为共同的爱好和品性而聚在一起，饮酒赋诗，畅谈天下。曾经的美好历历在目，可未来的相聚却未有期。百感交集之下，乐天写了一首名为《自诲》的诗，来表达深藏在内心的情绪：

乐天乐天，来与汝言。汝宜拳拳，终身行焉。

物有万类，锢人如锁。事有万感，爇人如火。

万类递来，锁汝形骸。使汝未老，形枯如柴。

万感递至，火汝心怀。使汝未死，心化为灰。

乐天乐天，可不大哀，汝胡不惩往而念来。

人生百岁七十稀，设使与汝七十期。

汝今年已四十四，却后二十六年能几时。

汝不思二十五六年来事，疾速倏忽如一寐。

往日来日皆瞥然，胡为自苦于其间。

乐天乐天，可不大哀。而今而后，汝宜饥而食，渴而饮；

昼而兴，夜而寝；无浪喜，无妄忧；病则卧，死则休。

此中是汝家，此中是汝乡，汝何舍此而去，自取其遑遑。

遑遑兮欲安往哉，乐天乐天归去来。

人世漫漫旅途，他几经命运流离，看尽了人生风雨。这几十载寒暑暗转，他憧憬过，奋斗过，也失望过。而如今，他倦了，累了，只想静静地走过今后的人生。他已然明白，自己所追逐的不是哪一片山水，而是如水的心境。简单和宁静，才是他永远的精神故乡。心中能够澄澈如水，未来的路无论去向何方，都无所谓了。

那一年八月桂花飘香，送来芬芳的同时也给乐天送来了他等待已久的那个消息。当乐天接过贬谪的诏书那一刻，他的心中便平静了许多。这诏书，将成为他生命中的又一个节点，代表新一段人生的开始。命运已经安排了这样的人生故事，他只得随着命运的风，继续漂泊下去。

接到诏书后，乐天很快前去赴任。天空仿佛也在为他的离去而悲戚，就在他离开的那一天，长安下了一场寒凉的秋雨。天空聚拢的浓愁，随着他的远去一点点地倾泻而下。雨滴拍打着落叶，演绎了一场悲伤的交响乐。待到次日，这里定将又是一地黄叶，可此地却已无乐天。

乐天离开的那天，唯独京兆少尹李建一人前来送行。能有一人前来，乐天心中充满感动。只是，离别多苦，再次相见，不知是何年。千言万语，最后都变成了微笑和沉默，还有心底殷切而美好的祝福。别后乐天还特地作诗《别李十一后重寄》一首，记录心情：

秋日正萧条，驱车出蓬荜。

回望青门道，目极心郁郁。

岂独恋乡土，非关慕簪绂。

所怆别李君，平生同道术。

俱承金马诏，联秉谏臣笔。

共上青云梯，中途一相失。

江湖我方往，朝廷君不出。

蕙带与华簪，相逢是何日。

　　长安城渐行渐远，消失在身后。最后一眼回望长安城，乐天忽然想起了一句话，"长安米贵，居大不易"。这当初的一句戏言，仿佛成了命运的谶语。如今看来，他与这长安城，始终缘分不深。

　　让乐天没有想到的是，在浐水之滨，他看见了匆匆赶来的杨虞卿。老友杨虞卿是从鄂县赶来的，他先到了乐天长安郊外的家，得知乐天已经离开，便快马加鞭地追来，追了近四十里路，两人才得以在浐水别过。这让乐天心中更是感动。他感谢上天，能够给予他这样真挚的情谊。他也一定会带着这些温暖，继续上路。

　　跨过一条条河流，翻过一座座大山，走向偏僻寂寥的地方。不知是风沙眯了眼睛，还是眼睛招惹了风沙，泪水从眼角滑落。男儿有泪不轻弹，只是未到伤心处。眼前的景象，与长安的繁荣相差甚远，像是两个不同的世界，让人不禁生出苍凉之感。

　　很快，乐天行至蓝桥驿。这是一个雅致的名字，却收纳了无数个悲伤的故事。这里是唐朝时被贬官员离开长安的第一站。乐天看到了许多与他同样满腔悲愤的文人士大夫因怀才不遇而在此地留下的诗篇。

乐天印象颇深的是前些日子被贬官的挚友元稹的诗——《西归绝句十二首》。读过诗后他留下了一首《蓝桥驿见元九诗》：

> 蓝桥春雪君归日，秦岭秋风我去时。
>
> 每到驿亭先下马，循墙绕柱觅君诗。

短短的二十八个字，却诠释了乐天波澜起伏的心绪。无论他怎样说服自己，淡然地面对被贬的事实，他总是无法抹去贬官烙刻在他生命里的忧伤。

乐天的下一站是陕西的商州，他将在这里等待着与家人会合，然后一同向襄阳进发。在途经襄阳之时，乐天在这里停留了几日，因为他年少时曾在此居住，所以对这里有一种特殊的亲切感。

旧地重游，难免生出恍如隔世之感。旧的景物都向他传达着一种稔熟之感，但是新的时光却让他心底生出一种人生的荒凉之感。于是，他便赋诗《再到襄阳访问旧居》一首，以表心怀：

> 昔到襄阳日，髯髯初有髭。
>
> 今过襄阳日，髭髯半成丝。
>
> 旧游都是梦，乍到忽如归。
>
> 东郭蓬蒿宅，荒凉今属谁。
>
> 故知多零落，间井亦迁移。
>
> 独有秋江水，烟波似旧时。

雨纷纷，故里草木深，那庭院不知换成了哪个主人。过去的邻居，走的走，死的死，四散在天涯，都成了回不去的人。江水汩汩流淌，烟波依旧如昔，只是这么多年，时光轮转，早已物是人非。而他对这故地和故人，只有付诸思念和祝愿。但愿人长久，但愿梦长留。而他，只是个过客，还要奔向他的下一段人生。

鹦鹉洲上歌与愁

　　这一段兜兜转转、远赴江州的路，就如同一次长途旅行。在旅行途中，乐天看到了不同的风景，也经历着不同的心情起伏，情绪跳跃，便绘就了一篇篇美妙的诗。也正是那些诗篇，才让我们能够在千百年以后，还能跟随他重走一段人生，见识到映入他眼底的壮美风景，还有他错综复杂的心情。

　　乐天的船，伴随着昼夜交替，一路停停走走。那一夜，他的小船停泊在了鹦鹉洲。这小小的鹦鹉洲，还有一个凄美的传说。

　　相传三国年间，名士祢衡由刘表引荐给江夏太守黄祖。祢衡和黄祖的儿子黄射非常要好，常常在一起玩耍作乐，饮酒赋诗。

　　在这长江中有一个江心洲。一日，黄射邀请祢衡到江心洲上去打猎饮酒。在宴会上祢衡结识了一位名叫碧姬的歌女，两人惺惺相惜，有相见恨晚之感。笑闹之际，有人将一只羽毛碧绿的红嘴鹦鹉献给黄射，黄射高兴地又将鹦鹉送给祢衡并请祢衡作文。

　　祢衡见了鹦鹉，触动心怀，一挥而就写了一篇《鹦鹉赋》，借鹦鹉暗喻自己怀才不遇。后来，这篇《鹦鹉赋》被黄祖看见了，他怕祢衡以后得志对自己不利，就借故把他杀害了。黄射把他埋葬在江心洲上。这天，碧姬穿一身重孝，带着祢衡转赠给她的鹦鹉来到洲上，哭倒在祢衡墓前，表示愿意随他的灵魂一起飞去，而后便一头撞死在墓碑前。那只鹦鹉彻夜哀鸣，次日，也死在了墓前。人们集资为碧姬修了一座坟墓，把鹦鹉也一同葬在洲上，此地得名鹦鹉洲。

对于乐天来说，怀才不遇的祢衡让他内心有所触动。自古有才之人，多遭苦难。想想自己，流离半世，如今又踏上了被贬谪的旅途，酸楚的情感一齐涌上心来，于是借着月色饮酒遣情。

醉酒后，他走到了甲板之上，江风吹过，让他一下子清醒了不少。遥遥望去，月光映照下的江面，银辉粼粼，更加动人。忽闻邻船上一阵歌声，细细品来，带着浓愁，歌声中夹杂着轻轻的哭泣之声。乐天循声过去问候，只是这一声关切的问候却让那女子更为伤感。乐天不禁感慨，这女子心中也许藏了更多的哀怨，就如同那绵绵江水。

回到船上，乐天有感而发，写了一首《夜闻歌者》：

夜泊鹦鹉洲，江月秋澄澈。邻船有歌者，发调堪愁绝。
歌罢继以泣，泣声通复咽。寻声见其人，有妇颜如雪。
独倚帆樯立，娉婷十七八。夜泪似真珠，双双堕明月。
借问谁家妇，歌泣何凄切？一问一沾襟，低眉终不说。

他敏感的心，总是能深切地感受别人的心境。这一次偶然相逢，也让乐天更懂得了女子的哀愁。也许，每个人生活在这个世界上，都有为人所不知的痛楚。生命，本就是一场苦难的修行。

离开鹦鹉洲后，乐天在长江里继续向前航行，小船顺流而下，遇到风浪时，江水拍打着船，十分惊险，而乐天也只能停泊靠岸。这一路下来，乐天又留下了许多诗篇。《舟中读元九诗》《雨中题衰柳》《舟行阻风寄李十一舍人》等等，都是经典诗作。这一番旅程，对于乐天来说也许是惆怅的，但是对于中华文化来说，却是一条闪光的旅途。

数日走走停停，他终于来到了江州。当他到达的时候，已经接近黄昏，暮色幽淡，点染了世界，将一切笼罩在宁静中。但是，明天会有怎样的黎明？乐天并不敢过多揣测。他只能尽力平复自己的心情，去迎接一段未知的人生。但是，当乐天的船靠岸的时候，眼前的一幕，却让他惊住了。岸边锣鼓喧天，奏着激昂的乐曲，乐天辨得出，这是欢迎朝廷大官的乐曲。随后，他又听到了许多百姓的欢呼声，他们载歌载舞，就如同欢度节日一样。

江州刺史崔能带着一队人马走来，乐天认得他。只是，他没想到自己被贬到此地，竟然会受到这般热情的欢迎，这让乐天着实感到惊喜和温暖。他之前所有关于到江州赴任的担忧，此时一扫而光。太多感慨汇聚在心头，他便赋诗一首，将美好锁在诗里，变成历史的记忆。

浔阳欲到思无穷，庾亮楼南湓口东。

树木凋疏山雨后，人家低湿水烟中。

菰蒋喂马行无力，芦荻编房卧有风。

遥见朱轮来出郭，相迎劳动使君公。

——《初到江州》

崔能是三品的官阶，是唐高宗时期著名文人崔融的曾孙，而他对乐天仰慕已久，如今他所仰慕的诗人在自己的手下为官，他自然不会亏待了乐天。同时，他知道，乐天才华卓著，曾经是皇帝身边的近臣，他日再度飞黄腾达，也是很有可能的。崔能是个聪明人，他自然会对乐天礼遇有加。

江州地处长江南岸，这里交通、贸易都很发达，这里的景色更是美不胜收，尤其是庐山，更是远近闻名。许多佛寺在层峦叠嶂间若隐若现，而乐天向来对佛寺情有独钟。所以，乐天对江州就更添了几分亲切和喜欢。

崔能为乐天安排了一处江边的院落，十分安静。而乐天的日常工作也很灵活，他可以尽随自己的喜好游赏风景。只是，乐天初到之时，天气阴冷不适合出游，他才克制自己没有出去。

元和十一年，春回大地，一片秀美风光。在春风的吹拂下，万物复苏，乐天沉寂已久的心也开始活跃起来。当春意渐浓时，正是登山佳季。崔能知道乐天体弱，所以在听说了他要登山后就派来了一顶轿子。而乐天只留了两名当地差役做向导。他以前看到过许多贪官污吏享受特权，他不想成为那样的官吏，他更愿意像一个普通人一样，享受吃苦得来的美好和幸福。

庐山素有"匡庐奇秀甲天下"之美誉。山中美景，配得上这世间最美妙的语言。弥漫的云气为庐山平添了许多迷人秀色和神秘色彩。山中有一座东林寺，它的历史可以追溯到东晋时期的太元九年，是这庐山上历史悠久的寺院之一。

东林寺是中国佛教净土宗（又称莲宗）的发源地，对一些国家的佛教徒影响较大。东林寺中景色别致，乐天游览一番之后，顿觉非同一般。这里背靠着香炉之峰，四周群山环抱，门前又有一条清澈蜿蜒的小溪，可以说把这庐山的秀美都占尽了。

这山寺的风景固然壮美，但最吸引乐天的却是那寺中的白莲池。白莲池是诗人谢灵运当年出资修建的。白莲在池中圣洁地绽放，不沾惹一寸人世尘埃，晶莹的水珠在莲叶上滚动，就像精灵一般，花香袅袅，泛着禅一样的清幽。莲花的美态，让乐天十分喜爱。思潮倾涌，便绘就了美丽的《东林寺白莲》：

> 东林北塘水，湛湛见底清。中生白芙蓉，菡萏三百茎。
> 白日发光彩，清飙散芳馨。泄香银囊破，泻露玉盘倾。
> 我惭尘垢眼，见此琼瑶英。乃知红莲花，虚得清净名。
> 夏萼敷未歇，秋房结才成。夜深众僧寝，独起绕池行。
> 欲收一颗子，寄向长安城。但恐出山去，人间种不生。

东林寺池塘中的水，清澈见底，洁白的莲花在池中静静生长。成片的莲花在阳光下闪着光华。这样美的莲花也只有在这种纯净之地才能美丽绽放，若换作那喧嚣的长安城，恐怕是难以生长的。

多日来，乐天在白天夜里，每每经过这白莲花池，都要细细欣赏一番。他的心，仿佛被那莲叶上晶莹的露珠净化，越发安宁。他觉得这种安然的心境，恐怕也只有在这深山古寺里才能觅得见了。

这里的僧人听闻创作《长恨歌》的大诗人乐天要大驾光临，都想一睹尊容，所以十分热情地让乐天留住。他们挑了最好的房间，安顿乐天。

庐山的天气变化较大，傍晚霞光暖暖照耀，将整座山笼罩在一片美好之中。可是，转眼间入夜，就有可能风雪交加。寺里的方丈智满法师怕乐天受寒，特地叫人给乐天送去火炉。当时乐天正在苦苦地挨着寒冷，而这暖炉端进来后，整个屋子立刻就温暖起来。面对这寺中的美景，还有僧人们的盛情，乐天心中装满了感动。他细腻的感情，触碰出诗意的灵感，又写了一首《宿东林寺》：

经窗灯焰短，僧炉火气深。
索落庐山夜，风雪宿东林。

虽然这诗仅寥寥数字，却足以让我们在多年后看见一种温暖的感动。

乐天在东林寺留宿多日后，在方丈智满大师的陪同下又来到了西林寺。同样，在西林寺他又受到了众僧人的一番热情款待。

这一次庐山之行，乐天在东林寺和西林寺共住了半个月。这半个月充满禅意的生活，让他感到十分惬意。他回到家后又在自家院中开凿了池子，池底铺上了白沙，四壁砌好青石。这一池清水，映照着蓝天白云，清静雅致。他在庭院内可以惬意地读书、饮茶、赋诗。这样惬意的生活，让他感到十分满足。

人生百年，真正快乐和幸福的日子是那些最平淡的岁月。那些轻轻浅浅的时光，会记录下生命中所有从容的美好。只是，许多人，总是在失去后才懂得它的珍贵。

第七章

随着命运的风散落天涯

探访沧桑里的风景

美好的风景，总是惹人流连。对美好的渴望，是人的本性。所以在归来不久后，乐天又一次游览庐山。他希望可以更多地去捕捉庐山的美，他希望可以更加接近佛与禅。乐天又游览了庐山上的许多寺庙，后来更是探访了他一直向往的陶渊明的故居。

这一段时光，乐天过得格外舒服。更让他感到高兴的是，他听说长兄白幼文带着各家亲戚弟妹从宿州来到了江州。兄弟二人转眼间已经阔别五年了。五年间，他们历尽了人世的沧桑和岁月的洗礼，可是他们之间的情感却并未被时光打磨失色。

亲人们的到访使得院子一下子欢腾起来，之前宁静的院落里，瞬间萦绕起了满满的欢声笑语。乐天也可以尽情地同哥哥畅谈他这几年来的变化，还有他近日游览庐山的许多心得。

这段时间，虽然少了幽静，但却多了欢欣。亲人的陪伴，为乐天的生命堆积了厚实的温暖，还有幸运。就在这期间，乐天的夫人又为他生了一个可爱的女儿。乐天为其取名为阿罗。乐天觉得，阿罗就是大女儿又回来了。阿罗的到来是对中年丧女的乐天最大的安慰。这个新生命的到来，也仿佛为乐天的生命注入了新鲜的血液。曾经的忧愁慢慢散去，而快乐和喜悦，无声地爬上了心头。

乐天整个人都精神了，仿佛时光倒流，一下子年轻了好几岁。

乐天同亲人们度过了一个欢乐的夏天。他们的快乐，就如同夏日里的百花，在如火如荼地盛放。可美好的日子，总是稍纵即逝。转眼间夏去秋来，一声凄切的寒蝉鸣叫，就招惹了寒凉的秋。秋心两半，放在一起就是愁。而乐天则在这个秋日里将要面对新的离愁。

他不舍地将亲人们送到了码头，一一道别，互诉珍重。可纵使说尽了千言万语，依旧是免不了一场离别。船儿开动，拉扯着两处离愁。

夜色渐浓，月光的清辉犹如刀刃的冷光，闪过了乐天的心头。他遥望着亲人远去的方向，久久不愿离去。然而，正是这一场无意的伫立，却成就了中华诗篇的一处璀璨。

有时候会禁不住猜测，也许是历史为了酿就美好的诗篇，才为乐天的人生设下了种种磨难、意外与错过，才使得他恰如其分地领略了一种天时地利造就的不可复制的独特感受，才创造了如此瑰丽的诗篇。

江边的数点渔火将江水倒映得波光粼粼，有一种神秘的美。万物好似悄悄地设置好了背景，只等一次惊艳。

忽来一阵琴声，扰乱了乐天的思绪，那琴声悠扬，浅吟低唱，如泣如诉地讲述着一个忧伤的故事。乐天踱步寻声，他来到江边停靠的一个客船上，发现正在弹琴的是一个女子。走近后，在渔火的映照下，乐天才看清了那女子的容貌。

岁月早已在她姣好的容颜上刻下了痕迹。那女子怀抱着琵琶，纤柔的手指在琴弦上拨动，婉转的琴音汩汩流淌而出，似在诉说着一个凄婉的故事。

乐天上前询问，得知了事情的原委。这女子曾是长安城内芳名远播的娼女，但她明白年华易逝，她的花容渐渐失色，今后的路会更加难走，所以只好委身嫁给富商大贾。可当她年老色衰后，同样没有逃过可悲的命运，遭到了无情的背弃，以至于流落至此，成了客船上的歌女，流落在这茫茫的长江之上。

这样悲戚的命运，让乐天心生同情，歌女的故事，一直萦绕在乐天脑海之中。回家后，他挑灯夜战，将他对社会底层弱者的同情，融合自己的感慨，写成了一篇震撼古今的长诗《琵琶行》：

浔阳江头夜送客，枫叶荻花秋瑟瑟。

主人下马客在船，举酒欲饮无管弦。

醉不成欢惨将别，别时茫茫江浸月。

忽闻水上琵琶声，主人忘归客不发。

寻声暗问弹者谁，琵琶声停欲语迟。

移船相近邀相见，添酒回灯重开宴。

千呼万唤始出来，犹抱琵琶半遮面。

转轴拨弦三两声，未成曲调先有情。

……

从此，怀抱着琵琶半遮面的歌女，充满了无限诗意的情怀。一句"同是天涯沦落人，相逢何必曾相识"，又惹了无数情人的眉梢之思。既然相遇，又有着相似的经历，即使从未相逢过，心情也是相通的，感受也是相同的。天涯漂泊是苦，能遇知音人是福。一首《琵琶行》惊艳诗坛，惊艳千古。

诗篇再美，也无法阻挡时光的脚步。这一年隆冬，北风吹过，雪花飞舞，送来了浪漫，也送来了朝中的好消息。乐天的好友王涯出任当朝宰相。但是此时的乐天在替好友高兴之余，心中却再也泛不起波澜。另外，乐天还得知了元稹再度娶妻的好消息，这让他十分高兴，远方的朋友能够有人陪伴，他也能放心许多。

此时的乐天十分满意当下的状态，他再也不用为生活发愁，在这风光秀美之地可以吸纳自然的灵气，可以恣意地纵情山水间，看四季轮回。

时光轮转，寒暑偷换，转眼间便来到了元和十二年。春节刚刚过去，乐天便又一次登上了那让他魂牵梦萦的庐山。巍峨的高山，瞬息万变的云海……庐山的每一处景致都深深地吸引着乐天，他被这种自然的奇美所震撼，他一次又一次地因这旷达的美景而壮阔心怀。风景过眼，却长留于心。他感恩于这种来自自然的启迪。其实人生种种事，无论好的坏的，都像是旅途的风景，有的秀美，有的奇险，但是无论怎样的风景，总会过去，只有一片淡然的心，才能留住美好的记忆。

这一次登山，除了观览风景外，乐天还同东林寺方丈智满法师学习佛法。他又连续在寺里住了好几天，就连正月十五的元宵节，他都没有下山。那天夜里，乐天学习完禅法之后，看着满月当空照，许多感怀爬上了心头，他想起了自己的妻哥——杨汝士，于是便将心中所感化作一首《正月十五日夜东林寺学禅偶怀蓝田杨主簿因呈智禅师》：

新年三五东林夕，星汉迢迢钟梵迟。

花县当君行乐夜，松房是我坐禅时。

忽看月满还相忆，始叹春来自不知。

不觉定中微念起，明朝更问雁门师。

沉浸在佛法中的日子，让乐天感到适意与宁静，他渴望能够更深地参悟佛法。过了正月十五后，他又邀智满大师一起去香炉峰的遗爱寺。初到遗爱寺，乐天便爱上了这里，他觉得这里十分幽静，景致迷人，十分适合清修，所以便萌生了在这里兴建一个草堂的念头。这个念头在心中盘旋不久后，乐天便决定将它付诸实践。

三月底，草堂落成，全部是依照他的喜好而建。乐天邀请了各路好友前来观赏，并且举办了一个落成仪式，写下了《庐山草堂记》一文：

匡庐奇秀，甲天下山，山北峰曰香炉，峰北寺曰遗爱寺。介峰寺间，其境胜绝，又甲庐山。元和十一年秋，太原人白乐天见而爱之，若远行客过故乡，恋恋不能去，因面峰腋寺，作为草堂。明年春，草堂成。三间两柱，二室四牖，广袤丰杀，一称心力。洞北户，来阴风，防徂暑也；敞南甍，纳阳日，虞祁寒也。木斫而已，不加丹；墙圬而已，不加白。城阶用石，幂窗用纸，竹帘纻帏，率称是焉。堂中设木榻四，素屏二，漆琴一张，儒、道、佛书各两三卷……

如今的乐天，心中充满了宁静，还有满满的知足。曾经的那些失望和伤痛都会随着时间的流逝淡去，如今面对同样的夜色，他却生出了不同的心境。那些执拗和坚持，渐渐地都化作了嘴角一抹平静的笑意。他明白，从前的自己无法令现在的自己满意，现在的自己也必将无法取悦将来的自己，一切看似荒唐的行径或许都是人生必经之路。

当青春渐远

青春时的梦想已经随风远逝，乐天现在孑然一身，放空自己的灵魂，聆听着大自然的呼唤。那些是是非非都已经成为往事，他只想留给余下的生命一份安宁，一份美好，珍惜以后的每一刻，愉快生活。此时的乐天已将许多往事看淡。

度过了喜气洋洋的春节，春风一过，冰雪消融，大地便又披上了崭新的绿装。春回大地之时，人也精神了许多，百姓们则又开始了新一年的耕种。乐天走在田间小路上，看着绿油油的麦田，百姓在田地里除草、劳作，还唱着民谣。欢快的氛围慢慢将他感染。他的心情也变得愉悦，他如今不必为生计发愁，而且官职清闲，没有那些尔虞我诈的政治纷争，就如同生活在世外桃源。

美妙的春光中，乐天经常会带上自己喜欢的书籍，伴着夕阳和微风，开始走上旅人的道路。那巍峨的山峰，还有那如镜般的湖面，一切都是那么令人沉醉。还有他钟爱的草堂，草堂的美景让人心旷神怡，乐天可以在宁静的时光里尽情地遐思，回味他过往的人生故事，在历经生命沧桑后品悟禅机。

然而，生命总是会安排一些意外的故事，让人措手不及。正当乐天沉浸在宁静悠然的生活中时，他突然听闻了兄长白幼文去世的消息。一年前和兄长相聚时的场景还在眼前，可却没有想到，江州一别，竟是天人永隔，匆匆做了今生的告别。

至亲一个个逝去，这样的痛，怎能轻易忘却？那些往昔平静岁月里的故事，被这一个噩耗激荡而起。痛楚凝聚在心，无法寄托，他唯有默数回忆，在旧时的光影里，寻找着亲人的笑容。

兄长的离世让乐天更坚定地将身心投入到了佛学中。他的佛法日益精深，却依旧难以左右自己那些柔软的情绪。可是，这是他唯一可寻的自我救赎之路。

每日礼佛参禅，乐天心中的痛楚在佛法中渐渐得以消解，这也使他对佛法更加入迷。朝朝暮暮，他都与佛法相伴，在喃喃的诵经声中，整个世界都安静下来。时光却在乐天忘我的礼佛中，偷偷走过。转眼间，秋风起，送来一缕寒凉，随后万物萧条，山水失色，一切都笼罩在一片寂寥中。秋带来了凉愁，也会在不经意间，染了乐天的心绪。然而，秋天不仅带来了寒冷，也带来了东林寺的圣僧神凑圆寂的消息。神凑和尚是德高望重的法师。乐天曾在东林寺小住，对神凑和尚印象深刻。所以在寺中众僧一致的推荐下，乐天为神凑撰写了墓志铭。

这一年风波不断，不久乐天收到了弟弟行简的一封家书，信中说剑南东川节度使卢坦病逝，李逢吉出任剑南东川节度副大使兼梓州刺史。

乐天深知这一变故或许有朝一日会给弟弟带来厄运，于是极力劝导弟弟早日来江州，因为行简当初到梓州为官，本就是受卢坦的邀请，如今李逢吉接替了卢坦的官职，自然会对行简保持戒心。

转眼间，寒冬将至，乐天的身体在寒冷中一天天衰弱下来。他无法再登庐山，到寺庙中去礼佛，索性自己闭关在家中修炼。在闭关期间，他还写下了一首《闭关》：

我心忘世久，世亦不我干。

遂成一无事，因得长掩关。

掩关来几时，仿佛二三年。

著书已盈帙，生子欲能言。

始悟身向老，复悲世多艰。

回顾趋时者，役役尘壤间。

岁暮竟何得，不如且安闲。

在这首诗中，我们听到了深深的哀叹。他已经丧失了曾经的骄傲，曾经的斗志。他需要时间调整自己的心情，继续生活。他在想是否真的有那么一个地方，四季如春，人心善良，没有战争，没有饥饿，所有的人都不需要将自己全部的心思投注在一个人的身上，可以拥有自己的生活，追逐自己的理想。

坐在院中的树下，静静地品着一杯香茶，看着天空中三五成行的飞鸿，乐天突然觉得生活还是那么美好。生活在这个纷繁复杂的世界上，一定会有很多的坎坷，很多的痛苦，人就是在不断面对这些痛苦的过程中逐渐完善自我的。

挫折只会令人更加坚强，知道了一个人的本性就不会再有失望。一段无疾而终的等待，往往伤害自己的只是心中的希望。许多故事，都交给岁月，每个人都会走向岁月的尽头，完成自己今生的故事。

这一年多以来，乐天除了一心向佛之外，还对长生不老的丹药产生了兴趣，因为他日渐感受到岁月给他的身体带来的变化，他渴望推迟衰老，能够更有精力感受岁月里的美好。

谪居期间，夜晚熟睡之时，他总能梦到自己曾经与朋友们在朝为官的场景，他还是会同从前一样直言进谏，有时候皇帝也未必采纳，只是身边还会有志趣相投的人呼应支持。晚上回到温暖的家，有亲人相伴。所有美好的光景，都在梦中一一浮现。

然而，梦醒时分，他心中可想而知，会是怎样的寂寥。时光如梭，光阴似箭，沧桑的世事浇熄了他的热情，只是那颗满载百姓疾苦的心还在跳跃着，等待着机会。他兼济天下的梦想，一直在心中的某个角落散着余温，等待后来的故事。

酒香里的祝福之声

人生的起承转合，总是充满了意外、悲伤、惊喜。也许，生命的奇妙和神秘之处，也正在于此。也许今时我们无法把握未来，那么，就请公平地不要看轻未来。

此时，乐天的人生已过半，但等待他的故事，依然日夜更新。

元和十三年，乐天偶然间收到了弟弟要来江州的消息。几日后行简终于到达了江州，乐天立刻设宴款待，一叙多年手足深情。席间，乐天还不忘赋诗一首。

行简的到来，给乐天的生活添了许多欢喜。他一直担忧弟弟的心，也终于可以放下了。他如今有了依靠，今后纵然再遇到困难，也不必担忧。

在欢欣中，春风又一次吹进了乐天的生命里。京城里的政局依旧风起云涌，乐天还是会偶有听闻。但是，听过之后，他便会将心思收敛，继续参禅悟道。

一日，东林寺中的僧人道深带领一众弟子来到乐天的家中，请他为新落成的红石塔撰写碑铭。乐天顿时感到受宠若惊，他没有想到自己在当地的僧人心中，竟有如此高的地位。乐天将写好的铭文亲自送到了东林寺，并现场指导能工巧匠将其镌刻于石碑之上。乐天也暂时在东林寺小住一段时间。

夜晚，乐天再次漫步至白莲池，他静立在池前，不由得想起了曾与同伴们放歌夜游的曲江池，触景生情，此时的乐天再次陷入了矛盾之中。一面是对仕途念念不忘的心，一面是对平静生活的渴望。两处皆是他心中所念，却在无数个日日夜夜里撕扯着他的心。

乐天在《自题》中将自己的心事述说：

> 功名宿昔人多许，宠辱斯须自不知。
>
> 一旦失恩先左降，三年随例未量移。
>
> 马头觅角生何日，石火敲光住几时。
>
> 前事是身俱若此，空门不去欲何之？

皇帝的心思让人难以捉摸，恩宠与贬谪只在朝夕之间。如今，他这个被贬之人，恐怕是回朝无望。不入空门，又该去向何处呢？

一首诗，道出了他内心深处对朝堂的渴望。若皇帝开明，若他官路平稳，若政治里没有尔虞我诈衍生的悲剧，或许，今时的乐天就不会如此了。

这一段时间里，乐天再度陷入纠结的心境。繁华的仕途，始终是他到不了的远方，也正是因为难以到达，便成为了他永生的情结，是他精神最渴望的地方。

那日酒醉后，他梦到了自己与刘敦质共游长安彰敬寺之事，醒来后便写下了诗篇《梦亡友刘太白同游彰敬寺》：

> 三千里外卧江州，十五年前哭老刘。
>
> 昨夜梦中彰敬寺，死生魂魄暂同游。

与刘敦质同游彰敬寺是十多年前发生在长安的故事，在这之后，乐天的梦中反反复复地出现关于长安的景象：长安的街巷，长安的宫殿，长安的旧友。长安城的一切，仿佛都在向他发出召唤。

一次小憩时，乐天也曾梦到长安慈恩寺中的昙禅师。乐天阔别慈恩寺已有五年了。只是，这五年他对做官从渴望慢慢变成了绝望。于是醒来后又赋诗《赠昙禅师·梦中作》一首：

> 五年不入慈恩寺，今日寻师始一来。
>
> 欲知火宅焚烧苦，方寸如今化作灰。

在乐天心情沉郁之际，他的第三个女儿降生了，这让没有儿子的乐天感觉到无比压抑，命运终究是不愿让他如意。诸多烦恼，汇聚在心，他只有继续泛舟佛海，以求心灵的解脱。

岁末将至，乐天更觉仕途无望，心中绝望胜过天寒。可令他没有想到的是，十二月十二日这天，乐天的仕途突现转机——他接到了朝廷的诏书，让他代替李景俭出任忠州刺史。

他双手捧着诏书，浑身不停地颤抖，激动的心情难以抑制，老泪纵横，迷蒙了双眼。他心中知道这是崔群等人在朝中为自己奔走的结果，虽然忠州的情况还未知，但这却是一个新的开始。一纸诏书，仿佛赋予了他新的生命，他收拾好心情，收拾好行囊，又踏上了下一段未知的人生。

元和十四年，这一年的春季里仿佛有着更多的暖意，一阵春雨，洒向大地，也滋润了乐天沧桑而疲惫的心。

乐天本打算静静离开，但是江州的名士僧侣盛情难却，要为乐天设宴饯行。于是一行数人在江边共饮，道着离别的愁绪。酒香缠绕着祝福，让乐天为之沉醉，再看那夕阳西下，残阳瑟瑟，铺了满江的殷红。江水粼粼，将载着他，驶向他最渴望的地方。只是这些挚友，不知道何时再能相聚。人生无常，聚散来去，恐怕只得由缘分和命运来决定。

初春的江州，有一种独特的美。夜色渐深，掩盖了万物，像是一场庄严的圣礼。而夜色下的庐山，也更添神秘。

　　他怀着喜悦的心情带着家人一起赴忠州上任去了。

　　眼中的世界，即是心中的世界。这一段旅途中，乐天所见的都是让人欢欣的风景。风也轻柔了，鸟鸣也更悦耳了，大地也更伟岸了……

　　其实，这一切都是因为他的心情愉悦了。

漫天风雪迷人眼

命运的风，卷起千层浪，激荡出美丽的浪花，此时的乐天，心中就如那波涛汹涌的长江水，充盈着无限激情。这一次，虽然同样是面对未知的路，但升迁的路犹如顺水行舟，让他心中无限畅快。

在去忠州的路上，会途经鄂州，乐天便借此机会去探望任鄂州刺史的老友李程，两人相会在武昌。黄鹤楼上，推杯换盏间，诸多感怀汇聚在心头，往日的一幕幕混合着酒香飘然而出。他们想到了曾经一起度过的欢乐时光，想到了曾经一起遭遇的波折，还有这些年彼此人生漂泊的故事。

乐天想起当年被贬官江州时路过此地的情景，感慨颇多。当初的酒，是掺着苦愁，远不似今时的醇香醉人。乐天此次升迁，赴任忠州，虽然是喜悦满心，但是在官场上打拼多年，多次升迁贬谪，让他学会了谨慎，学会了收敛心思。年少的热情化作了冷静与慎重，他决心要好好作为一番。

赏尽了烟雨楼台的美景，倾心地诉过衷肠，他们又将面对离别。那淡淡的离愁，就如同江面上的雾霭，最终，被充满欢喜的艳阳吹散。

多日行船，乐天终于抵达忠州，那个让他充满憧憬和欢欣的地方。在码头上，他遇到了即将离任的李景俭，李景俭也曾有过被贬谪的经历，所以和乐天有一种惺惺相惜之感。

虽然忠州看上去较为荒凉，但是，乐天心中依旧充满着希望，他要在这一片土地上好好作为，为这里创造出别样的风光。于是，当乐天踏上忠州的这片土地之时，他又找回了曾经的信心。忠州在当时面积不算很大，靠着与边境的少数民族发展小商品贸易而维持着当地并不富裕的生活，但是也因此弥散着一种别具特色的民族风味。远远望去，忠州作为一座山城，四面环山，错落有致。

乐天曾经在江州任司马，由于那只是个附属官职，他并不敢有太大作为。而今他成为了忠州的一州之长，终于可以放手一搏，全心全意为百姓谋福利。他更是希望借此机会，能够重回长安城的朝堂。所以，在乐天了解了当地的情况后，提出了两点政策：一要大力发展农业，同时减轻百姓的赋税压力；二要使用适度宽松的刑罚，使百姓拥有足够的自由与人权。这样的政策，得到了百姓的认可。不久后，当地的面貌焕然一新。乐天也深受百姓爱戴，他勤政爱民，做出许多利民发展之事。

因为忙于政务，所以他只得将佛经暂时搁置在屋脊之上。但是他依然保留了一寸幽静，在心中，他同样挂念那些江州的僧侣朋友，挂念他幽静的草堂。

忙碌的时光，像长了翅膀一样飞驰而过。忠州在这个灼灼的盛夏里开始热闹繁华，又将这份热情传递到了浪漫的秋天。秋高气爽，是收获的好时节，也是万物萧条的开始。那清冷的气氛让乐天不禁怀念起了自己的好友元稹。听闻元稹刚刚失去了最疼爱的小女儿，他心中一定痛苦万分。那种白发人送黑发人的失亲之痛，让乐天不禁想到了自己多年前去世的女儿。他能深刻体会元稹的痛楚，但是也只能通过书信对老友安慰一番了。

秋季过后，万物萧条，天气转寒。他十分担心这越来越冰凉萧素的风景，会加剧老友的愁思。乐天一直非常挂念元稹，不久听闻元稹已经被召回长安并授予膳部员外郎的消息，乐天高兴极了。他觉得这应当算得上是命运对元稹的补偿吧。

当瑞雪覆盖大地，当寒冷笼罩了世界，乐天又得到了来自长安城里的消息——他的老友宰相崔群遭奸人陷害而被贬出了长安。他为老友深深感到痛心。这些忠臣一个个遭到了贬谪，让他再次迷茫起来。朝中又少了一个能够援引自己的人，想必再回长安也是无望了。

漫天的风雪迷人眼，朝廷里的风雪迷了他的心，让他不敢预想未来。

第八章

柔美染指了光阴

岁月流年的洗礼

迷离的苍穹变幻出百媚的娇态，但沉闷的暮色却一度让人意志消沉。每一个人都只是这浩瀚宇宙间的一粒尘埃，时常被欺凌与讽刺腐蚀了心志，也虚度了许多不堪回首的流年。

元和十五年，唐宪宗被宦官所杀，年仅四十二岁，一朝天子一朝臣，随着宪宗的死亡，一场残酷的内部厮杀也开始了。最终，李恒登上了皇位，成为了执掌天下的天子。只是新帝的继位，带来的不仅仅是斗争，还有那动荡的政治洗牌。

世事的动荡打不破自然的规律。早春二月如期而至，虽然此时的忠州依旧有些微微的寒气，但与北方的气候比起来，已经算得上是暖融融了。那一日，乐天来到了忠州城五里外的一个叫作开元寺的寺庙游赏，听说寺内有一座东池很是不凡，如今一见果真如此。池水清澈见底，荷花含苞待放，青草叶如利剑，香气扑鼻而来，梅花盛开，柳树吐芽。见此情景，乐天心中不禁诗意涌动，写了一首《开元寺东池早春》：

池水暖温暾，水清波潋滟。

簇簇青泥中，新蒲叶如剑。

> 梅房小白裹，柳彩轻黄染。
>
> 顺气草熏熏，适情鸥泛泛。
>
> 旧游成梦寐，往事随阳焱。
>
> 芳物感幽怀，一动平生念。

"一动平生念"，这平生念，便是他对仕途的抱负。可如今的境遇，他只能默默地等待。

他在翘首企盼，企盼希望的曙光。他在耐心等待，等待好消息的到来。可是日复一日，等来的却是元稹的好消息。元稹被提升为祠部郎中、知制诰。好友高升，这自然是好事。可什么时候，自己才能像元稹那样熬出头，返回长安呢？如今的乐天，独自在这荒凉的小城中苦苦煎熬，上任之初的那份积极与热情，早就消散在了无尽的等待中。如此，乐天又不自觉地投入到佛教之中。他曾在《不二门》一诗中写道：

> 两眼日将暗，四肢渐衰瘦。
>
> 束带剩昔围，穿衣妨宽袖。
>
> 流年似江水，奔注无昏昼。
>
> 志气与形骸，安得长依旧。
>
> 亦曾登玉陛，举措多纰缪。
>
> 至今金阙籍，名姓独遗漏。
>
> 亦曾烧大药，消息乖火候。
>
> 至今残丹砂，烧干不成就。
>
> 行藏事两失，忧恼心交斗。
>
> 化作憔悴翁，抛身在荒陋。
>
> 坐看老病逼，须得医王救。

唯有不二门，其间无夭寿。

乐天的意志在一天天地消沉，身体在一天天地消瘦，面容在一天天地憔悴。曾经他伴随皇帝左右，但却嫌举止不够稳妥，而如今虽然名籍在朝廷，可却早已经被人遗忘。命运啊，你是何等乖张，何等不公！

如今的乐天，已经变成了一个憔悴的老头儿，但这憔悴的根源却是别人的冷落。他有着雄心壮志，有着豪情满怀，但却无处释放。就像他的那首《我身》：

......

赋命有厚薄，委心任穷通。

通当为大鹏，举翅摩苍穹。

穷则为鹪鹩，一枝足自容。

苟知此道者，身穷心不穷。

可是空有豪情壮志，也不能治愈乐天的冷落病。低落的情绪依旧低落，冷落的处境依旧冷落。也许，官场不得意的时候，就会想到知心的朋友那里去诉说，去排解。于是，心情低落的乐天把全部的希望都寄托在钱徽身上。

那一天，乐天独自骑马出了西城门，来到了龙昌上寺闲游。矗立在云端的龙昌上寺，使乐天回想起了自己与钱徽同游青龙阁的场景。情到深处，乐天还即兴写了一首《登龙昌上寺望江南山怀钱舍人》，他将自己所有的期望与情感都融汇到了这首诗里，他期盼着钱徽可以早些时日将自己解救出这荒凉的边郡。

有些时候，命运就是如此，希望越大，失望越大。乐天没有想到的是，此时的钱徽也是自身难保，同他一样被贬出了长安。刚刚燃起的希望之火就这样无声无息地灭了，官路上最后的救命稻草也没了。乐天的渴望再一次落空，无奈之余，他只得独自游荡在官场的湍急河流中，随着命运的浪潮沉浮跌宕。

　　大自然无时无刻不在遵循着它自己的规律。就像是那湛蓝的天空并不是永远都万里无云一样，人的一生也会经历一场又一场不幸的洗礼。这不幸，或是像三月里连绵不断、淅淅沥沥的小雨；或是像六月里那狂风大作后的倾盆大雨。无论怎样，这一切都唯有自己了解，旁人是难以体会的。

　　而生活，也大抵如此，那些幸运与美好不会一直眷恋着你，因为有喜有悲的，才叫人生。不过，好在上天是公平的，他不会让一个人永远幸福，亦不会让一个人永远痛苦。就像是白昼与黑夜，总是会交替出现。这就是人生的规律，否则，让一个人永远沉浸在痛苦之中，无论是谁都会受不了的。

　　回京无望的乐天已经做好了长久居于此地的准备，而上天却顺应了"否极泰来"的道理，喜从天降。一生的凄凉侵蚀了他仅存的意志，让万念俱灰的乐天忘记了枯木也有再逢春天的时候。天子的一纸诏书，让处在忠州的乐天成为了尚书司门员外郎。

　　这个姹紫嫣红的季节本应分外妖娆，但在清冷的时光中，却偏偏加入了他匆匆而过的脚步，在暮色的剪影中透射出一种慵懒，越发地没了生机。在娇艳的阳光里，花儿枯萎，可当风儿轻轻地拂过，雨露甘霖到来，又会芬芳起来。峰回路转，一切都在向着美好行驶。乐天不会想到，在自己即将放弃的时候，上天再一次给了他重生的机会。

　　似乎，外界的一切都在受着心情的影响。当你愁容不展的时候，即便是天空湛蓝也会觉得灰暗无光，即便是晴空万里也会觉得乌云密布。曾经那个荒芜陌生的忠州，因为穆宗的诏书，而忽然间变成了让人流连忘返的胜地。心情大振的乐天再一次来到了开元寺游玩，许是因为即将回京，虽然同是一个地方，可是心情却大不一样。兴趣高涨的乐天不禁为开元寺留下一首诗：

　　　　　　东寺台阁好，上方风景清。

　　　　　　数来犹未厌，长别岂无情。

> 恋水多临坐，辞花剩绕行。
>
> 最怜新岸柳，手种未全成。
>
> ——《留题开元寺上方》

　　人生啊，就是这样奇妙，那个曾经是自己渴望离开的地方，如今却因为即将离开而心生留恋。无论这里带给他的是怎样的回忆，可离别之时，总是有些不舍。曾经闲暇时种下的岸边垂柳，仿佛还在摇曳挽留；那些微小的娇花，也像是在围绕着他，将自己最艳丽的一面展现出来，只为临行前的道别。

　　人生在世，漫漫长路，命运的安排总是公平的。或许在此时此刻拥有着，那么在未来的某个时刻，你就会失去；如果现在你有所缺失，那么以后你就会复得。一切都在时间，不缓不急。是你的，就注定是你的。而此时的乐天，也在默默地期盼着那即将到来的最佳机遇，在等待自己的理想慢慢实现。

生命的花开花落

人生就是得意与失意的结合，如果得意是山峰，失意就是山谷，凡是山川，皆会出现山峰和山谷交替的景象，由此构成了错落有致的落差美，也才有了花开花落的欢欣与怅然，成就多味人生。

花开时，落英缤纷，满树飘香，但总有无可奈何花落去的那天。但从某种意义上来说，落花是一种结果，一种生命的逻辑。人生亦然，平静地看待得意和失意，没有晴空万里就享受雨雪所带来的意境，没有荣华富贵就享受粗茶淡饭的平淡，如此看来，失落又如何。在经历了人生沧桑后，乐天已经逐渐学会了从容对待命运给予的悲喜。坎坷时，他静心等待，寂静地咀嚼心绪；欢喜时，他微笑以待，顺从命运花开。

启程的号角已经吹响，乐天兴致勃勃地带着家人再次踏上了返京的道路。而他日思夜想的长安，也正以积极开放的胸怀迎接那些曾被贬官的有识之士：被贬的钱徽回来了，留在袁州的韩愈回来了，外放到湖南的崔群回来了，贬到山西的李绛也回来了。

这样的政治环境对于劫后余生的乐天来说，可谓是十分的难得，只不过被贬官的余惊还是让他有些缩手缩脚。不过，初为尚书司门员外郎的乐天在短短几个月后，就升为主客郎中、知制诰。从此便可直接参与军政要务，起草一些军机诏令。由于当时出任知制诰的都是乐天的老朋友，例如元稹、李宗闵、王起等，乐天便可以日日与几位老友工作在一起，喜悦的心情自不必多说，自然也干劲十足。

乐天的官越做越大，官职升了，俸禄多了，他在长安买下了一座居舍，算是圆了自己多年来的心愿。似乎一切都是那么如意，生活也是顺风顺水。然而，命运却不会这么轻易地就赐予他一段平稳的旅途。就在乐天仕途上正春风得意的时候，他的挚友李建却与世长辞了。友人的离去对于乐天来说是巨大的打击，他也因此而陷入了颓废的泥潭，在佛海之中寻求心灵的慰藉。

转眼之间，春季来临。初春的长安被熏染得格外醉人与温暖。但与思念相比，这样的暖意似乎还不足以温暖乐天的心。他在思念那些远在江州的僧侣。思念成灾，他将这种心绪化作诗歌，寄往江州。一首《春忆二林寺旧游因寄朗满晦三上人》，让人陷入了无尽的回忆与惦念：

> 一别东林三度春，每春常似忆情亲。
> 头陀会里为遗客，供奉班中作老臣。
> 清净久辞香火伴，尘劳难索幻泡身。
> 最惭僧社题桥处，十八人名空一人。

诗中不难看出乐天既为人辛苦追逐一生的终究还是那些浮华不实的东西而深感无奈，也为曾经白莲结社时，愿往西方极乐世界的十八人中独少了自己一人而深感惭愧。

沉浸在过去，总是让人无法自拔。对于曾经的美好，怀念会让人不舍与留恋，而倘若曾经的一切是一场噩梦，是悲凉与酸楚，那么回忆只能让人徒增痛苦。深陷其中而又无法自拔，这样的身不由己才是最让人矛盾与纠结的。

白驹过隙，岁月流逝，流掉的是时间的荒芜，却流不掉铭记在心的美好回忆。挨过蹉跎岁月，尘封于心中的回忆只会越来越厚重，越来越清晰。

曾经毕竟是曾经，现实还是要继续。逃出过往的一切，一年一度的进士考试也拉开了帷幕。然而这一次的进士考试，却在朝中掀起了一场不小的风波。由于元稹、李德裕与李宗闵等人已不睦多时，而恰巧这次考试的及第之人大多为朝廷重臣的亲属，因此元稹等人上书穆宗，表明考试结果不公，要求复试。

穆宗命乐天担任重考试进士官，复试礼部侍郎钱徽主试下及第进士郑朗等十四人。果不其然，复试的结果正中了元稹等人的说法，那些在首次考试中高中的人员全部落榜，舞弊程度不言而喻。穆宗大怒，当即贬谪了钱徽、李宗闵等人。

对于钱徽被贬到江州，乐天深表歉疚。钱徽临行前，乐天告诉他，自己曾在江州修建了一座草堂，如若他感到心中的苦闷无处宣泄，便可以到草堂去坐坐，那里清静雅致，能够净化内心，平定思绪。送别钱徽之时，乐天还特意写了一首《钱侍郎使君以题庐山草堂诗见寄因酬之》：

> 殷勤江郡守，怅望掖垣郎。
> 惭见新琼什，思归旧草堂。
> 事随心未得，名与道相妨。
> 若不休官去，人间到老忙。

虽然这首诗是为了安慰钱徽的，但乐天也在诗中表达了自己的归隐之意。其实，在他的心中，还是渴望安宁的，官场毕竟沉浮不定，如果不辞去官职，恐怕人生到老也不会有安宁之日。

于是，为了寻求一片清静之地，乐天在远离皇城的一处土地购置了新宅院。别人都嫌那地方过于偏远，可乐天却很喜欢那里的环境。那里前有青龙寺，后有丹凤楼，闲来无事时，他还可以摘花种草，修筑围篱，开渠引水。一番整修之后，这个宁静的宅院俨然成了一个修身养性的好去处。

没有什么会永垂不朽，也没有什么会恒久不变，因为这世界上唯一的不变就是改变。即便你现在幸福美满，也会有一天荆棘满地；就算你现在走投无路，总有一天会绝处逢生。现实就是这样，世间的一切都在改变，永远不会和上一秒一样。然而，更让人感到可怕的是，这样的改变我们始终无法预测，也无法避免。

这一年的乐天，仿佛受到了幸运女神的无限眷顾。在送走钱徽之后，他再一次迎来了升官的机会。他与元宗简一同被封为朝散大夫，而后不久，乐天又被提拔为上柱国，是唐朝的正二品。幸运的还不止乐天一人，就连他的妻子杨氏也被穆宗封为了弘农县君。这对于乐天这样的封建文人士大夫来说，可以算得上是最为光荣的事情了。这不仅是对妻子的肯定，也是对自己的肯定，甚至还可以光宗耀祖，成为一段流芳百世的佳话。

幸运之神对于乐天的照顾还远不止如此。从忠州回到长安的这一年里，乐天多次晋升，就在十月份的时候，皇上又封他为中书舍人，从此，乐天走进了高官的行列。

虽然仕途上平步青云，春风得意，但曾经多次被贬的乐天，早就变得波澜不惊，淡定自若了。官场上的如意，并没有让乐天迷失自己，相反，他时时刻刻提醒着自己，凡事要小心谨慎，不可粗心大意。繁华落尽，梦过无痕，毕竟知足常乐才是最重要的。

江南山水熬成诗

江南，是乐天生命中的一段际遇。即使只是如白驹过隙，他也甘愿成为江南永恒的过客。若说此生还有心愿，那就是愿来生化作江南三月如花飘零、如水潺潺的小雨，与江南再续今生已落地生根的萌芽之缘。

一路高升、风光无限的乐天此时却陷入了朋友之间的党派竞争之中。长庆二年，朝廷中再次掀起了人事变动，元稹与裴度同时被诏为宰相。虽然两人也曾是好友，但利益当前，元稹为了宰相之位与裴度争得你死我活。裴度这些年在河北一带带兵打仗，平定藩镇叛乱，可谓劳苦功高。自从元稹出任宰相后，屡次向穆宗上书，说这些年军费的开支过多，为节省开支，建议削去裴度的兵权。

穆宗觉得元稹言之有理，于是解除裴度兵权，判他为东都留守。但不久后，河北因为少了裴度的镇守，再次爆发内乱。乐天看到元稹这种致使国家出现内乱的行为觉得非常气愤，于是不再顾及多年好友的情分，向穆宗上书，痛述元稹这种无耻的行为。

正当朝野上下对乐天这种不念私情、以国事为重的行为大加赞赏的时候，李逢吉看到元、裴二人争得如此火热，于是趁机诬陷元稹，上演了一出"鹬蚌相争，渔人得利"的戏码，最终争得了宰相之位。

朝中朋友之间两败俱伤的争斗，乐天全都看在眼里，记在心中。虽然他重回长安后，一路上没有再遇到什么阻碍，皇上对他也相当器重，但官场的尔虞我诈让他觉得身心俱疲，他已不再是那个风度翩翩、满腔热血的少年，早已无心也无力再争斗了。于是乐天来到了宰相萧俛的府中，倾诉自己这种迫切想回归山林的心愿。在萧俛的府中，他恰巧遇到了自远禅师。经过自远禅师的一番开导，乐天更加坚定了请辞外任的决心，于是有感而发赋诗一首，以表心志：

> 宦途堪笑不胜悲，昨日荣华今日衰。
>
> 转似秋蓬无定处，长于春梦几多时。
>
> 半头白发惭萧相，满面红尘问远师。
>
> 应是世间缘未尽，欲抛官去尚迟疑。
>
> ——《萧相公宅遇自远禅师有感而赠》

浩瀚的世界，没有任何一种胭脂能够涂抹时间，没有任何一件衣服能够掩饰灵魂，也没有任何一种古册能够填补空虚。

每一天黎明的上演，都代表着崭新的开始。时光匆匆，它不会为了哪一个人停下或者放慢自己的脚步，因为流逝就是岁月的使命。美好华年是如此宝贵，只有知道自己想要什么，该做什么，才能与这样的宝贵彼此平衡。

对于乐天来说，回归山林，求得一方宁静，才是他的心愿，他希望自己能够不受世俗的干扰，而这个实现理想的地方，便是江南。年少时，乐天曾经游历杭州，只那一次，他便爱上了那个山清水秀的地方。身居中书舍人这样的高位，自然是极好，但年少时想成为杭州刺史的梦想，乐天却一刻都没有忘记。

于是，乐天为了成就江南的梦想，主动向穆宗请求外任杭州刺史。就这样，乐天再一次来到了这个鱼米之乡。梦想照进了现实，一切都成真了。

路还是同样的路，景还是一样的景，但心情却大不相同。乐天此行停留的第一站，就是被贬江州时所宿的那个位于蓝田县的清源寺。两次居住在此地，感受却大为不同。他在《宿清源寺》中这样写道：

> 往谪浔阳去，夜憩辋溪曲。
>
> 今为钱塘行，重经兹寺宿。
>
> 尔来几何岁，溪草二八绿。
>
> 不见旧房僧，苍然新树木。
>
> 虚空走日月，世界迁陵谷。
>
> 我生寄其间，孰能逃倚伏。
>
> 随缘又南去，好住东廊竹。

在清源寺短暂停留后，乐天就携家人继续赶路。途中还特意去了一次紫霞兰若。细细想来，这已经是他第三次路过紫霞兰若了，第一次是被贬江州的途中，第二次则是从忠州回到长安的途中。而这次途经此地，感慨颇多，不由得写下了一首《过紫霞兰若》：

> 我爱此山头，及此三登历。
>
> 紫霞旧精舍，寥落空泉石。
>
> 朝市日喧隘，云林长悄寂。
>
> 犹存住寺僧，肯有归山客。

乐天此次出任杭州刺史并不是作为被贬之臣，因此所经之地的长官们都争相宴请，热情款待。理想实现，心中总是难以抑制激动和兴奋，可这样的喜悦却不容他忘了现实的处境。出任杭州刺史并不是一项简单的工作，杭州在当时属于一个大州，杭州刺史也是一个相当重要的职位。穆宗把乐天安排到这里，一是不想让他受到委屈，才任他为大州的刺史，二是想要他管理好一方，从而保证朝廷的皇粮供给来源。对于穆宗的意图,乐天是发自内心感激,为了报答穆宗的知遇之恩,他自然要竭尽全力当好这一州之长,不负圣恩。经过认真的思虑,乐天针对当前的形势和日后的工作目标,制定了两点工作方针,对上要为皇上分忧解难,对下要抓紧农业的生产,确保皇粮的供应。

初到此地上任的乐天免不了要被政务缠身,时日长久,乐天的身体很快就支撑不住了,病痛又开始侵袭他的身体,日夜不眠不休,他逐渐消瘦,面容也日渐憔悴。

长庆三年的初春,杭州早已春暖花开,草长莺飞,气温逐渐回升,熙熙攘攘的人群也为当地沉寂已久的景象带来了生机。在这个风景宜人的季节,乐天的病情也逐渐好转,州郡的政务也逐渐步入了正轨,一切都变得井然有序了。这也使得乐天的心情逐渐好了起来。

精神状态大有好转的乐天又萌生了出游的想法,或许是他天生独有一种艺术家的气质,总能感受到别人所不曾发觉的景物的独特的美。一首《钱塘湖春行》写尽了无数人向往的西湖美景,也成了千古佳作。

孤山寺北贾亭西,水面初平云脚低。

几处早莺争暖树,谁家新燕啄春泥。

乱花渐欲迷人眼,浅草才能没马蹄。

最爱湖东行不足,绿杨阴里白沙堤。

这首诗,也正记叙了乐天的那段美好旅途。在一个明丽的春日,他骑马来到钱塘湖,由孤山寺的北面绕到贾亭西。一场春雨刚过,云气同湖面上的微波连成一片,像贴在水面上似的。而湖水涨得满满的,快要跟岸齐平了。远处近处都有黄莺婉转的叫声,这些春天的使者,嬉戏追逐,争着抢着往向阳的枝头飞。谁家新归的燕子在湖边飞上飞下,它们忙着衔泥筑巢。

沿途繁花东一簇，西一丛，让人眼花缭乱。而路上的春草刚从土里钻出来，刚够遮住马蹄。春神把花挂在树上，把草铺在地上，供人们尽情赏玩。而他最迷恋的却是湖东一带，这里绿杨成荫，白沙堤静静地躺在湖边，安闲、自在，真要让人流连忘返了。

这是对西湖的一首婉转的赞歌，从孤山寺、贾亭开始，到湖东、白沙堤止，一路上，在湖青山绿的美如天堂的景色中，乐天饱览了莺歌燕舞，陶醉在鸟语花香之中。最后，乐天才意犹未尽地沿着白沙堤，在杨柳的绿荫底下，一步三回头，恋恋不舍地离去了。

乐天耳畔还回响着由世间万物共同演奏的春天的赞歌，心中便不由自主地写出一首饱含着自然融合之趣的《钱塘湖春行》来。这一首明丽的诗，也让后世的春天增色不少。

诗情画意醉西湖

杭州，无论是在当时还是现在，都是以其独特的江南水乡的美景而闻名的，在众多名山大川秀丽的风景间，它以其独有的气质在静默中为世人所关注。而江南水乡，总是有那么多佛寺，星罗棋布地点缀在西湖周围，成为翡翠般的迷人景象。

提及这些古刹寺院，最著名的还要数灵隐寺。它背靠北高峰，面朝飞来峰，两峰挟峙，林木葱葱，幽深古寺，云烟万态。传闻它的开山祖师为古印度僧人慧理和尚。他在东晋咸和初，由中原云游入浙，至武林看见有一峰，故而叹曰："此乃中天竺国灵鹫山之小岭，不知何代飞来？佛在世日，多为仙灵所隐。"遂于峰前建寺，名曰灵隐。

闻知灵隐寺的大名，乐天很早就想游览一番。寺内的僧人听说杭州刺史乐天要来寺内观赏，都想一睹这位《长恨歌》作者的真容。一天下来，友善的乐天便与灵隐寺的僧人熟悉了，于是，他写下了一首《题灵隐寺红辛夷花戏酬光上人》：

紫粉笔含尖火焰，红胭脂染小莲花。

芳情乡思知多少，恼得山僧悔出家。

本是赞美寺庙的红辛夷花，却一语双关：这是花的芳情，也是女子的芳情；这是花的乡思，也是人的相思。一首诗，便与酬光上人开了个小玩笑。但其实，按照佛教里面"欲色异相"的说法，越是着重描写女性的美丽与娇媚，越是显现出女子的虚无缥缈，幻而不实。

正是受到了佛教"欲色异相"理论的影响，乐天到了杭州西湖之后，也接触了不少的歌伎、舞伎。甚至有时候与朋友一同出去游玩，他还会带着名伎以求助兴。

那一次，乐天与友人来到了灵隐寺前的候仙亭饮酒，同往日一样，乐天也带了几位名伎。一番饮酒作乐后，乐天酣畅淋漓，诗兴大发，随即写了一首《候仙亭同诸客醉作》：

> 谢安山下空携妓，柳恽洲边只赋诗。
>
> 争及湖亭今日会，嘲花咏水赠蛾眉。

乐天不仅会带着名伎出游玩赏，还会在节日期间欣赏名伎们的歌舞表演。他的《清明日观妓舞听客诗》就描绘了舞伎们的曼妙舞姿和俏丽容颜。

乐天是喜爱歌舞的，当年在朝中，他欣赏了不少西域歌舞和宫廷歌舞，并且他还用诗歌描绘了这些歌舞的场面、舞姿、造型、服饰等。如今来到了杭州，乐天觉得这里是美女的天堂，那些名伎尤其擅长歌舞。于是，他便把那些曾经欣赏过的西域歌舞和宫廷歌舞教授给她们，而其中，最著名的就要数《霓裳羽衣曲》了。《霓裳羽衣曲》在唐宫廷中备受青睐，在盛唐时期的音乐舞蹈中占有重要的地位。玄宗亲自教梨园弟子演奏，由宫女歌唱，用女艺人三十人，每次十人。它描写了唐玄宗向往神仙而去月宫见到仙女的神话，其舞、其乐、其服饰都着力描绘虚无缥缈的仙境和舞姿婆娑的仙女形象，给人以身临其境的艺术享受。

乐天后来在苏州写的《霓裳羽衣舞歌》对于此曲的结构和舞姿进行了细致的描绘，他还回忆起了当时排练的过程。这个舞曲先后表演了三次，每一次都获得了巨大的成功。

清明节过后，孤山寺里的石榴花盎然绽放。乐天应寺僧的邀请，来到孤山寺赏花。一番欣赏与交谈之后，临别时，乐天提起笔，写下了一首《题孤山寺山石榴花示诸僧众》：

> 山榴花似结红巾，容艳新妍占断春。
>
> 色相故关行道地，香尘拟触坐禅人。
>
> 瞿昙弟子君知否，恐是天魔女化身。

孤山寺的山石榴花竞相绽放，幽香袭人，绮丽绚烂。游玩了一整天之后，乐天与各位友人一同下山。走在西湖岸边，天蓝水清，暮鼓低鸣，优美的梵音飘荡在水面之上，仿佛一切的烦恼与不悦都会随风飘去。回望孤山寺，只见它屹立在一片烟波荡漾的水光之中，仿佛是那大海中的蓬莱仙宫。看到如此美景，乐天写了一首《西湖晚归回望孤山寺赠诸客》：

> 柳湖松岛莲花寺，晚动归桡出道场。
>
> 卢橘子低山雨重，栟榈叶战水风凉。
>
> 烟波澹荡摇空碧，楼殿参差倚夕阳。
>
> 到岸请君回首望，蓬莱宫在海中央。

一旦感受到了西湖的诗情画意，乐天就不禁产生了游赏的兴致。孤山寺、天竺寺、恩德寺都成为了他的好去处。经常一起同行的还有好友卢贾、周元范、萧悦、崔求等人。一行人游寺、饮酒、观花、赏伎、吟诗、作画，好不热闹。

时光匆匆，转眼到了这一年的年底。此时的乐天已经来杭州一年了，对这样一座江南水乡，无论是精神上还是物质上，乐天都十分满意。然而唯一美中不足的，就是他已经年过半百，却没能有个继承白家血脉的根。无法改变的事实，依旧是他心中焦虑和惆怅的根源。或许，对于这一点，乐天和元稹是同病相怜的。

长庆四年的元宵佳节，杭州城内大街小巷张灯结彩，人群熙熙攘攘，欢笑声、鞭炮声，交杂彻响，热闹非凡。正月十五一过，乐天就来到了西湖水利工程查看。美丽的西子湖水清波荡漾，波光粼粼。欣喜之余，乐天写了一首《春题湖上》来表达心中的激动之情：

> 湖上春来似画图，乱峰围绕水平铺。
>
> 松排山面千重翠，月点波心一颗珠。
>
> 碧毯线头抽早稻，青罗裙带展新蒲。
>
> 未能抛得杭州去，一半勾留是此湖。

转眼二月底，西湖的增堤工程顺利竣工。为此，乐天还亲自写了一篇《钱塘湖石记》。工程顺利完成，自然是要庆祝一番。乐天邀请了许多的朋友一同泛舟湖上，欣赏美丽的湖光春色。恰好这时候，他教人排演的《霓裳羽衣舞歌》刚刚成功，正适合在船上表演。摇曳多姿的舞步、如痴如醉的乐曲，直将西湖变成了一处人间仙境。

工程竣工，乐天刺史的任务便也不再那么紧迫，也就有了时间可以放松自己。于是，乐天便经常与那些自己喜欢的名伎在一起饮酒、跳舞。那一天，名伎们再一次表演了《霓裳羽衣舞歌》，乐天观赏得高兴，便多喝了几杯。而此时，有名伎唱起了前杭州刺史严休复的一首诗。离开多年的老友的诗，如今却还能被这些名伎想起，这样的情意让乐天很是感动。于是便写了一首《闻歌妓唱严郎中诗因以绝句寄之》。而世事难料，物是人非，想到严休复，再想到自己，乐天感慨颇多，他不知道日后自己离去时，那些名伎是不是也会想念自己。于是，一首《醉戏诸妓》便落在了纸上：

> 席上争飞使君酒，歌中多唱舍人诗。
>
> 不知明日休官后，逐我东山去是谁。

又一个盛夏来临，乐天在杭州已经任了三年的刺史。按照惯例，他的杭州刺史很快就要卸任了。果不其然，还没等乐天的任职期满，朝廷就下了诏书，封乐天为太子左庶子。但他却并不着急赴任，他想要趁着这段时间，尽兴地游玩。

临行的前几天，乐天还观看了一次《柘枝舞》。这是从西域传入中原的著名"健舞"。跳舞的女子身着美丽的民族服装，足穿锦靴；伴奏以鼓为主，舞者在鼓声中出场。舞女穿着五色的宽袍，头戴胡帽，帽上有金铃，腰系银腰带，舞蹈开场以击鼓三声为号，随后以鼓声为节奏。柘枝舞动作明快，旋转迅速，刚健婀娜兼而有之，同时，注重眉目传情，眼神富于变化。

乐天第一次在杭州看见这样高水平的舞蹈，十分兴奋，便写了一首描写柘枝舞舞姿的诗：

> 平铺一合锦筵开，连击三声画鼓催。
>
> 红蜡烛移桃叶起，紫罗衫动柘枝来。
>
> 带垂钿胯花腰重，帽转金铃雪面回。
>
> 看即曲终留不住，云飘雨送向阳台。
>
> ——《柘枝妓》

　　对于即将离开杭州的乐天来说，能在临行前观赏到这样的舞蹈不失为一种很好的送别方式。只是，人生的伤感莫过于离别，离别那种刻骨铭心的痛，就像是有人用刀子在你身体最脆弱的某个地方划下了一道伤口，只轻轻一下，那伤口便会在绵延悠长的时间消磨下逐渐地结成一道永不褪色的疤痕。虽然伤口已经愈合，可是伤疤却依然在，它在时时刻刻提醒着自己曾经的痛楚，让人久久不能平息。也许离开了杭州，那些诗酒西湖的日子，也将一去不复返了。

第九章

寻寻觅觅中迷茫

一座城池的心

苏州话历来被称为"吴侬软语"，其最大的特点就是"软"，尤其女孩子说来更为动听。苏州话语调平和而不失抑扬，语速适中而不失顿挫。那种柔和让人如痴如醉，无法自拔。吴侬软语也是江南水乡独特的标志。而乐天的人生，则同样经历过那"吴侬软语"的美丽风景。

唐敬宗即位后，也就是宝历元年，朝廷下诏命乐天出任苏州刺史。在这之前，乐天已闲散了一段时间。短时间的休息，乐天还是心情愉悦的，但长时间无事可做，让他深切感受到了孤单和寂寥。时间空闲下来，思念便占据了上风。他开始怀念在杭州的日子，怀念那时候的忙碌与辛苦，怀念那里的百姓与美景，怀念杭州的西湖，怀念杭州的梅花，怀念杭州的佛寺，怀念杭州的友人。

经过了一段时间的舟车劳顿，乐天终于来到了苏州，生活也不再那么无聊枯燥。

每个城市都有自己独特的标志，而乐天曾留下足迹的每个地方，也都以其独特的魅力，让他魂牵梦萦，一生为之牵绊。苏州的美景并不亚于杭州，人们常说："上有天堂，下有苏杭。"由此看来，苏州的美景是可以与杭州的并驾齐驱的。

走过了杭州，又来到了苏州。这两个中国风景最优美、物产最丰富的地区，如今乐天都体验过了，有生之年，能到这两地为官，实现自己年少时的梦想，可以说人生已经没有遗憾了，喜悦之情自然难以抑制。纵使公务繁忙，这两地的美景，也足够乐天在余生回味的了。

苏州与杭州一样，同是东南地区最大的州郡之一。现在的苏州临近东海；西抱太湖，背靠无锡，隔湖遥望常州；北濒长江，与南通隔江相望；南临浙江，与嘉兴接壤，所辖太湖水面紧邻湖州。苏州物华天宝，人杰地灵，被誉为"人间天堂""园林之城"。苏州素来以山水秀丽、园林典雅而闻名天下，有"江南园林甲天下，苏州园林甲江南"的美誉。

少年时的乐天曾因躲避战乱而生活在江南一带，这次收到任命的诏书后便即刻启程赶往苏州。经过了几日水路的漂泊，乐天携家人于这年的五月五日抵达苏州。到达此地后的第一天，乐天就立刻上任并表达了对敬宗的感谢，表示要对敬宗奉献自己的一片忠心。在《苏州刺史谢上表》中，他还提到了当地的情况及自己日后准备实施的政策和方针。大意就是说，自己上任之后，要简化当地的科举制度，并将赋税落实到每一个人身上，无论是王公贵族还是平民百姓都一视同仁。

乐天的这一政策一经发出，立刻得到了许多百姓的响应，百姓们都对这位初来此地上任的刺史敬佩不已。经过多日不懈的努力，苏州的政治和经济终于逐步走上了乐天规划的道路。而此时，乐天才能闲下来宴请宾客和下属，感谢他们对自己的支持与厚爱。乐天才有了闲暇的时间来好好欣赏当地的美景，太湖、齐云楼这些著名的景点自然少不了乐天的足迹，他享受着美景带给他的身心的愉悦。

时光总是在欢声笑语中飞速地流转，转眼间年关将至，春节这个象征着团圆的节日让乐天异常想念远方的弟弟行简。

他担心弟弟在那个人心险恶的朝廷中不能自保，也担心弟弟应付不过来那繁忙的政务。然而反观自己这一年来的政绩，乐天没有丝毫的喜悦，因为他觉得当地的政治并没有自己想象的那么理想。

他在诗中曾为自己一年的政绩做了一份总结，在《岁暮寄微之三首》之一中写道：

> 微之别久能无叹，知退书稀岂免愁。
>
> 甲子百年过半后，光阴一岁欲终头。
>
> 池冰晓合胶船底，楼雪晴销露瓦沟。
>
> 自觉欢情随日减，苏州心不及杭州。
>
> 白头岁暮苦相思，除却悲吟无可为。
>
> 枕上从妨一夜睡，灯前读尽十年诗。
>
> ……

宝历二年的正月，苏州城沉浸在新年的喜气之中。辞旧迎新的喜悦也无声无息地感染了乐天，他就像是一个从未来过苏州的普通的游客，游览了苏州城的大街小巷，游兴甚浓的他还特意造了一艘小船，自由穿梭在水路之中。

到了二月末，乐天带了十名歌伎去灵岩寺游玩。这座寺庙坐北朝南，西院为吴王宫遗迹。据《吴越春秋》和《越绝书》记载，越国美女西施来吴国后，深得吴王夫差宠爱，夫差在风景秀丽的灵岩山为西施修建了富丽堂皇的"馆娃宫"。相传现灵岩寺大殿即馆娃宫遗址。宫内有一条别致的长廊，凿空廊下岩石，放一排陶瓮，上铺有弹性的梗梓木板。西施与宫女们曼舞其上，发出木琴般的乐音，此廊因名"响屐廊"。此次游玩，让乐天心情大好，在临出寺庙之前，他还为该寺庙题了一首诗：

> 娃宫屐廊寻已倾，砚池香径又欲平。

二三月时何草绿，几百年来空月明。

使君虽老颇多思，携觞领妓处处行。

今愁古恨入丝竹，一曲凉州无限情。

直自当时到今日，中间歌吹更无声。

——《题灵岩寺》

去灵岩寺游玩自然是让乐天流连忘返，但不幸的是，在返回府衙的时候，乐天不小心从马上坠了下来，扭伤了腰和脚，在家里足足休息了一个月。直到清明节来临时，他才勉强可以自由行动。偏偏这个时候，府内公务繁忙，为了批阅公文，乐天常常要挑灯夜读。本来就上了年纪，再加上身体虚弱，这让他有些吃不消了。尤其是他的眼睛，疼得非常厉害，乐天知道，如果再这样下去，恐怕是要失明的。

眼见眼疾越来越重，乐天不得已向朝廷请了三个月的病假。虽然病情有了好转，但乐天却是一个闲不住的人，趁着这次休假，他决定好好出去走一走。东武丘寺便是他的第一站。

东武丘寺又被称作云岩寺，据寺内碑刻记载，东晋咸和二年司徒王珣、司空王珉兄弟舍宅为寺，名虎丘山寺。当时寺建于剑池山下东西两处，本是两个寺。唐时为避李虎（唐高祖李渊祖父）之讳，便改名为"武丘报恩寺"。这次到东武丘寺游玩，乐天觉得很有趣，临返回时还题了一首诗留作纪念。

乐天这根寻访寺庙的神经一旦被挑起，就无法抑制。除了东武丘寺外，他还游览了报恩寺塔、思益寺等诸多名胜。

报恩寺塔为九层八角楼阁式砖木结构，每层挑出平座、腰檐，底层对边18.8米，副阶周匝，基台对边34.3米，塔顶与刹约占1/5。塔高76米，重檐覆宇，朱栏萦绕，金盘耸立，峻拔雄奇为吴中诸塔之冠。登塔远眺，可俯瞰苏州全景。人们只要进入这里，就会不自觉地产生一种对佛的敬仰和对世俗的远离意识。乐天的《题报恩寺》就很好地说明了一切：

> 好是清凉地，都无系绊身。
> 晚晴宜野寺，秋景属闲人。
> 净石堪敷坐，寒泉可濯巾。
> 自惭容鬓上，犹带郡庭尘。

是啊，世俗的纷纷扰扰终究是扰人清静，可是现实的一切却又令人身不由己，着实让人犹豫矛盾。人生无常，就像手中还残留着夏末的花香，可清晨梦醒却望见满地的落叶。生活就是如此，宿命就是如此。上天的一切注定会让人猜不透，说不明，或许，这就是人生的无可奈何吧！

伤离别，意难忘

人生路，走过这一遭，再回首时，已经远远不似当初渴望的模样。今生已经暮年，唯有结庐嵩洛下，闲寄余生。

一个习惯怀旧的人在看惯了人生悲欢后，就会懂得在快乐的日子里坚守那份属于自己的淡然，也会懂得在独自忧伤的时候敞开自己的胸怀。经历得多了，心中也就没有了伤。渐渐地在一杯清酒中参透了似水流年，品味清欢。

乐天在任苏州刺史期间，曾因身体原因向朝廷请了长假。当时乐天心里很清楚，按照唐朝的规定，请长假是有可能丢掉当前的职位的。而能否担任新的职务，则要看朝廷中有没有空缺。运气不好的话，恐怕要等上很久，所以很多官员都害怕告长假，他们更害怕会因此丢掉自己的职位，断了今后的仕途。

而此刻的乐天却并不为此而担心，他早已厌倦了官场的生活，事到如今还在朝为官不过是因为要养活自己的家人，是生命的责任，而不似当初的渴望。

转眼间八月末，乐天的长假到期了。不出他所料，他被朝廷革除了苏州刺史一职。这时的乐天却出奇地平静与淡定，在他看来为官自始至终都不是他生活的全部，既然如此，为何不活得潇洒自由一些，何必去追求那些转瞬即逝的如流沙一般握不住的东西呢？虽然得知自己被贬，但诏书并未下达，他觉得可以趁机到各处游玩，甚至日日借宿在寺庙中。人生难得放纵几次，更何况是在年过半百、历经了诸多风雨之后。如此，他甚至还想到了归田，在《想归田园》中他曾写道：

> 恋他朝市求何事，想取丘园乐此身。
> 千首恶诗吟过日，一壶好酒醉消春。
> 归乡年亦非全老，罢郡家仍未苦贫。
> 快活不知如我者，人间能有几多人。

如今归田已经不似十几年前的归乡了，那时候的他经济条件极差，可现在即便不再为官了，家里的资产也足够他安度晚年，不必再为生计烦心操劳。如此，没有压力的乐天便可以自由自在地游玩于佛寺间了，玩得尽兴，也不必因为公务而着急返回府衙。于是，乐天再一次来到了武丘寺。

武丘寺经过一年的修建，如今的景色甚是美好，前去游玩拜佛的人也是络绎不绝。走在通往武丘寺的路上，看着宽阔平坦的路途，乐天很是高兴。就连随同游玩的名伎也都不禁赞叹乐天为老百姓做了一件天大的好事。听着众人的赞誉，乐天更是兴奋难当，当即要求府内的下人准备酒宴，要与名伎们再次饮酒欢庆。

几杯美酒下肚，红晕微染，名伎们柔美舞动，摇曳多姿。看着此时此刻的美景，乐天不禁伤感起来。他知道自己很快就要离开这里，离开苏州，离开现在的友人。即便是朝廷不立即给他新的官职，却也不会让他继续待在这里。想到自己要与这些钟爱的名伎离别，心中更是依依不舍，情不自禁地写了一首《武丘寺路宴留别诸妓》，道出自己的离别之情：

> 银泥裙映锦障泥，画舸停桡马簇蹄。
> 清管曲终鹦鹉语，红旗影动泼汗嘶。

渐消醉色朱颜浅，欲语离情翠黛低。

莫忘使君吟咏处，女坟湖北武丘西。

　　不多时，名伎们便有些累了。小憩之时，一个名伎怀抱着琵琶演奏了一曲《略略曲》，听得乐天为之入迷，同时也深深地被名伎的情谊所打动，挥毫泼墨写下了《听琵琶妓弹略略》：

腕软拨头轻，新教略略成。

四弦千遍语，一曲万重情。

法向师边得，能从意上生。

莫欺江外手，别是一家声。

　　这次游玩后不久，乐天的老友张居士来访。美酒欢畅，言辞投机，于是乐天兴致高涨地在酒宴上写了首诗：

但要前尘减，无妨外相同。

虽过酒肆上，不离道场中。

弦管声非实，花钿色是空。

何人知此义，唯有净名翁。

——《酒筵上答张居士》

　　此时的乐天，信仰的是佛教中"酒肉穿肠过，佛祖留心中"的禅宗思想，不过，他也确实把世俗声色看得非常清楚：那些美丽的女子，那些动人的声音，一切都是虚无缥缈、不切实际的。佛曰：不真则空。或许，唯有张居士能够悟透这禅机吧！

就在张居士辞别后不久，乐天又收到了次休上人的诗书。诗书上写道："闻有余霞千万首，何妨一句乞闲人。"很明显，这是把乐天的佳作比喻成了云霞，足足有千万首那么多，既然如此，能不能送一首给次休这个闲人呢？对于次休上人的欣赏与谦虚，乐天心中充满了感动，当即写了一首《答次休上人》：

> 姓白使君无丽句，名休座主有新文。
> 禅心不合生分别，莫爱余霞嫌碧云。

诗中的谦虚之意表明了乐天的心绪——自己的诗并没有什么丽句华词，反倒是僧人次休的文章频频出新。如果不与心合一，便会有分歧之心。那些好坏之分，高低之分，优劣之分，上下之分也都会由此显现。所以不要只把乐天的诗看成是云霞片片，而忽视了次休宛如碧云一样的词句。

那一日，从东都洛阳来了两位僧人，到苏州府内找刺史乐天。听说是圣善寺来的僧人，乐天马上施礼招待。原来，这两位僧人是圣善寺如信大师的弟子，如信大师在长庆四年二月十三日迁化于寺内华严院，今年又迁葬龙门奉先寺。遵照如信大师的遗嘱，坟墓上不得建庙也不得立碑，只要在坟前立佛顶尊盛陀罗尼经一幢，这样既不劳人也不会伤财。而这个幢上的文字，如信大师则希望由乐天来题写。所以圣善寺的这两位僧人才会不远千里，亲自来苏州找乐天。

对于如信大师，乐天自然很了解。大师俗姓康，是襄城人，居佛门盟主之位二十二年，弟子数千。他也曾经多次来到圣善寺参谒如信大师，如今如信大师早已圆寂，这样的遗愿乐天理应答应。

在写完《如信大师功德幢记》之后，乐天觉得自己未能将对如信大师的敬仰抒发得淋漓尽致，于是，他又写了一首《感悟妄缘题如上人壁》：

> 自从为骎童，直至作衰翁。

> 所好随年异，为忙终日同。
>
> 弄沙成佛塔，锵玉谒王宫。
>
> 彼此皆儿戏，须臾即色空。
>
> 有营非了义，无著是真宗。
>
> 兼恐勤修道，犹应在妄中。

　　乐天对于如信大师的妄缘是颇有一番感悟的，大师的那种伟大和坚定就归功于他的妄缘。而回望自己的一生，从懵懂无知的孩童到垂垂老矣的老翁，虽然时间在变化，岁月在流逝，可自己却还是从前的样子，毫无改变。那些儿戏，须臾之间都成了一场空。唯有不执着，才是真正佛宗；唯有修佛道，才能消除妄念。

幽幽时光下的沉静

静下心来，品一口茶香，寻一分静谧，画一笔花开，写一首诗词，续一份情缘。等待，在盎然的春日里，与众花同乐，与群鸟同喜，不要再伤心，不要再忧郁。

乐天知道，朝廷一定不会让他无官可做，还会安排他到另一个地方任职的。事情正如乐天所预想的那样，他最终还是接到了让他返回长安的诏令。

离开苏州那天，前来送行的人络绎不绝，堵满了大街小巷，堪比当初离开杭州时的壮观景象。这样的送别场面，让乐天心中更添诸多不舍，可最终他还是要离开。船儿划动，载着一船的离愁。

乐天的船行至扬子津的时候，巧遇在此停留的刘禹锡，多年未见的两人分外激动，并当即决定共同去游扬州。

扬州有一著名的寺庙，名叫大明寺。对佛学痴迷的两人，自然不能错过这个著名的寺庙，因为李白也曾在这寺中游赏，寺中的栖灵塔让李白为之惊叹，并有感而发题诗一首。

乐天看到此诗后，也登上了这曾经让李白惊叹的栖灵塔。从登上高处的那一刻起，乐天就被这眼底的景色震撼住了，也赋诗一首《与梦得同登栖灵塔》：

半月悠悠在广陵，何楼何塔不同登。

共怜筋力犹堪在，上到栖灵第九层。

　　乐天与刘禹锡在此地相遇后，便不舍得分离了，正巧此时刘禹锡也被除去了连州刺史一职，正在等待新的任命。于是两人商议后，决定结伴向东都洛阳进发，也免去了路上的寂寞无趣。

　　就在二人一路悠悠而行的时候，朝廷中局势再一次出现巨变。敬宗李湛被刘克明、苏佐明等人所杀，他们还私自篡改遗诏立绛王李悟为君主。宦官王守澄等人立刻发兵讨伐刘克明，迎立江王李昂为帝，即文宗，改元大和。而在这场政治叛乱中，乐天的好友裴度立下了汗马功劳，被继任的文宗授予门下侍郎的官职，又给了乐天的另一个好友韦处厚同中书门下平章事的官职。这两个人也都是进士出身，同属于改革一派，深受百姓爱戴。

　　大和元年的正月底，乐天与刘禹锡才回到了洛阳，而朝廷中所发生的变故也是他们回到洛阳之后才知道的。而更让乐天感到痛心无比的是，弟弟行简在前一年的冬天因病去世了，遗憾的是他在路上的时候竟然没有得到一点消息。眼看着自己的兄弟相继去世，乐天的心中感到无限悲凉。白驹过隙，转眼之间他们都已不再年轻，生离死别将是心中永远的痛楚，或许不知道哪一天，他也追随而去了。人去楼空，徒留下曾经的美好供后人怀念。

　　很快，乐天回到洛阳的事情就传到了都城长安，也许就连乐天自己也不曾想到，那一场朝廷中的政治暴乱会为自己带来更加有利的政治格局。他的两位好友相继出任要职，这对于乐天来说更加有利于他仕途的发展。没过多久，好友裴度和韦处厚就拟定了诏书，召他回朝，出任秘书监。秘书监是秘书省的最高行政长官，这对于曾在此做过校书郎的乐天来说是相当惬意的，他对这个工作环境相当熟悉，也不必担心自己会被卷入朝廷内部的斗争中。于是，他很愉快地接受了这个官职。

三月里，春雨淅淅沥沥，滋润了草木花朵，一抹嫩绿覆盖了严冬的荒芜。这样一个初春时节，乐天携家人再一次回到了长安的家，此时他的朋友们也都回到了长安。几人时常聚在一起，有了空闲，就结伴去山林间游玩，沉淀身心。

在探访了涂山寺之后，乐天又来到了终南山。终南山古名太一山、地肺山、中南山，亦称南山，是秦岭山脉的一段，西起陕西眉县，东至西安蓝田县，千峰叠翠，景色幽美，素有"仙都""洞天之冠"和"天下第一福地"的美称。对联"福如东海长流水，寿比南山不老松"中的南山指的就是此山。而终南山最著名的则是南五台，这五台分别为：观音台、文殊台、舍身台、灵应台和清凉台。登上观音台，望着远处的长安城，乐天浮想联翩，拿起笔，一首《登观音台望城》悄落纸上：

> 百千家似围棋局，十二街如种菜畦。
> 遥认微微入朝火，一条星宿五门西。

遥看那长安城的百千家分布就宛如围棋盘一样，十二条大街把城市分割得像整齐的菜田。远远望见官员们上朝打的火把，就像是一串星一样在大明宫的宫门附近闪烁。

登高远望，终南山总是会给人不一样的感受。而站在灵应台上，已经望不见长安城了。顿时，佛教中色空的感觉充满了《登灵应台北望》的诗中：

> 临高始见人寰小，对远方知色界空。
> 回首却归朝市去，一稊米落太仓中。

登上高处，才发觉人的微小；遥望远处，才明白物的空虚。回首归于朝廷政坛，就像是一粒米跌落在了太仓之中，被淹没，被覆盖。

乐天从南五台回来后不久，又来到了长安朱雀门街之东第五街的普济寺。
对于普济寺，乐天还是很熟悉的，他曾经与韦处厚一同任中书舍人，来到普济
寺跟从道宗上人接受"八戒"，各自持十斋。可是如今，乐天已经有八年的时间
没有来到这里了。走进道宗上人的法堂，乐天看到墙壁上挂满了前宰相郑余庆、
尚书归登、京兆少尹元宗简以及尚书左丞钱徽的诗作佳品。看到这些诗作，乐
天才发觉这些都是与道宗上人的唱和之作，觉得道宗上人是一个深谙诗作的诗
僧，所以乐天还特意为道宗上人题写了一首诗：

> 如来说偈赞，菩萨著论议。
>
> 是故宗律师，以诗为佛事。
>
> 一音无差别，四句有诠次。
>
> 欲使第一流，皆知不二义。
>
> 精洁沾戒体，闲淡藏禅味。
>
> 从容恣语言，缥缈离文字。
>
> 旁延邦国彦，上达王公贵。
>
> 先以诗句牵，后令入佛智。
>
> 人多爱师句，我独知师意。
>
> 不似休上人，空多碧云思。
>
> ——《题道宗上人十韵》

作为诗人，乐天觉得写诗就应该像道宗上人这样，从容恣意，又要缥缈地
离却语言，一来是以诗的语言形式吸引读者，二来则是要让读者进入到佛教的
智慧当中。

彼时的乐天对于佛教的痴迷程度，早已经到了尽人皆知的地步。他不仅对
于佛学潜心研究，他本身也是一个深受儒家思想熏陶的士大夫，除此之外，他

还对道教感兴趣。在众人眼中，他就是一个集大成者，在官场中合理地运用着儒家的中庸思想，被贬官后却懂得用佛学开导自己，在看透了官场的争斗后，又可以功成身退，享受着道家无为而治的思想带给自己的欢愉。

时光幽幽走过。这段时间乐天的生活可谓安宁顺和，不用为生活发愁，并无过多的官场斗争烦忧，可以尽情地沉浸在佛理禅宗的海洋，汲取自己所需的能量。

何处是皈依

在佛法的净化中，乐天感觉到红尘的苦难渐渐地被剥离，自己的灵魂越发轻飘。他明白，从追求到迷惘，再到放下，这一生的追逐，都是为了让心灵走向佛陀之路，找寻真正的寄托。

十月入秋，金黄淹没了翠绿，凋落代替了葱郁。十月十日，是天子文宗李昂的生日，谁知文宗突然间心血来潮，下诏命乐天与安国寺沙门义林、太清宫道士杨弘元在麟德殿讨论儒、释、道的区别及意义。这样的讨论在当时的唐朝已经形成了一种惯例，讨论的实质并不是要真正地指出儒、释、道三者的高低、好坏、优劣，而是要三方都穿上各自的代表服饰，分别坐在一方高台之上，互相提问、发难，最后各自答辩，从而达到皆大欢喜的效果。可以说整个讨论过程都带有戏剧色彩，当然，这主要的目的还是取悦皇上。因此，儒、释、道三者讨论的问题并不十分难。不过，乐天还是把讨论的问题和自己的答辩辑录到了他的集子之中，名曰《三教论衡》。

转眼间，初冬来临，整个世界都格外清爽，冰冷寒意已经不能浸染乐天的心。人生半百过后，心中已经沉淀下了一种厚重温暖的生命力量。

某日，东都洛阳圣善寺住持智如大师来访，这让乐天高兴不已。他请智如大师下榻家中，二人促膝长谈。他在《与僧智如夜话》一诗中写道：

懒钝尤知命，幽栖渐得朋。

门闲无谒客，室静有禅僧。

炉向初冬火，笼停半夜灯。

忧劳缘智巧，自喜百无能。

　　因为进入了冬季，乐天住的地方又偏远，所以，很少有客人来访，只有智如大师与他一起夜话禅机。一字一句，在那无边的幽夜里轻吐，却带着厚实的生命力量，浸润生命。

　　不久之后，乐天便奉诏出使东都洛阳，这一次的辗转，并无漂泊之感，而更多的是带有几分惬意。就如同一次漫不经心的旅行，由于差事并不紧急，所以他可以从容安稳地欣赏风景，体会漫步人生的乐趣。他随着心意走走停停，惬意心情不可言说，等赶到了洛阳，已是年底了。

　　洛阳的朋友们听说乐天回来了，纷纷前去拜访。众人一起把酒言欢，诉说着各自的人生悲欢故事，在回忆与感慨中，他们尝尽了各色苦甜。繁华的洛阳城，虽然正经历寒冬，却格外热闹。新年过后，乐天也不忙着返回长安，他利用正月里的假日，游遍了洛阳附近的名胜。如今的他，不必再为了官路前途费尽心思，可以静下心来去慢慢品味那些风景里的韵味与独特的情怀。许多名胜古迹，都在他的脑海中留下了深刻的印象。在经历了半生坎坷后，他在那不变的风景里品到了不一样的生命真味。尤其是洛阳的龙门石窟，给乐天留下了深刻的印象。

　　命运得失，有一种很奇妙的规律。你越是想要紧紧抓住的，就越快地流逝。反而当你放下的时候，会发现曾经的渴望就在脚下，俯拾即是。就像乐天，当他将官场看淡后，却在仕途上平步青云，而今已近花甲，他又迎来了一份要职。大和二年二月，朝廷下诏，乐天由秘书监改任刑部侍郎，并封晋阳县男爵位。

刑部侍郎是刑部尚书的副手，协助尚书处理刑部事务，手中权力颇大。因为职位极为重要，朝廷命他马上赴任。诏书紧急，乐天不得不告别洛阳诸友，赶赴长安。在乐天回长安不久，刘禹锡也奉诏除授主客郎中、集贤殿学士回到长安。大家知道这一切都是裴度极力保荐的结果。

如此被重用，乐天心中并未太过欣喜，因为刑部的事务繁忙，所以，乐天在担任刑部侍郎后，终日忙碌，几乎没有游玩的时间，这份工作更是打破了长久以来的平静，使得他的身心都无所适从。所以，他在《晚从省归》一诗中对这种早出晚归的朝政生活表示出了极度的不习惯。曾经闪闪发光的功名心，如今却暗淡了。他的心，他的魂，都缠绕在了山林泉石间，他希望心头不留任何尘世间的东西，"终是不如山下去，心头眼底两无尘"。

不论眼前的路途如何光明向前，也不管脚下的道路如何平坦宽阔，乐天都能以佛教中的"空幻"来看待事物，对待事物。《观幻》一诗就很好地表现出乐天此时的思想：

> 有起皆因灭，无睽不暂同。
>
> 从欢终作戚，转苦又成空。
>
> 次第花生眼，须史烛过风。
>
> 更无寻觅处，鸟迹印空中。

乐天用佛家的"缘起论"来作为他"空幻"思想的积淀。漫漫人生，从欢乐转为了悲哀，从痛苦转为了空虚，无声无息，不留痕迹。只是蓦然回首间，一切都成为了惘然。

这年的十二月，寒风呼啸而过，带给了乐天一个冰冷刺骨的消息——他的挚友、宰相韦处厚突然暴病身亡，这给了乐天重重的一击。在大半年的时间里，乐天都沉浸在繁忙的公务中，他的身体状况每况愈下，如今韦处厚离世的噩耗对他来说更是一次不小的打击。他失去了一位挚友，也失去了政治上的靠山和盟友。因此，悲伤之余他不得不为未来考虑。

家人十分理解乐天的担忧，并劝说他离开长安这个是非之地，只要求一个东都的官做一做就好。乐天思量多日，最后听从了家人的建议。但是，他不能直接向皇上辞官或要官，最好的办法就是请假。于是，他以身体不适为由，向朝廷告假百日。

然而，就在这期间，悲伤的故事相继上演。大和三年正月，乐天的朋友京兆尹孔戡、吏部尚书钱徽、华州刺史崔植相继病故。半月之内四人相继而去，这让乐天感到一种恐惧。这一次，他下定决心，要离开长安。这一次离开长安，他的心中充满了欢喜。这座曾经在他梦中闪闪发光的繁华都城，如今已经成了他的精神牢笼，他迫切地渴望离开，去追寻自己内心渴望的宁静。

大和三年的初春三月，乐天借着病假的清闲，来到了寺院当中散步走动。阳春三月，寺内的树也都开花了，见此情景，乐天写下了一首《僧院花》，抒发自己内心的感慨：

欲悟色空为佛事，

故栽芳树在僧家。

细看便是华严偈，

方便风开智慧花。

三月下旬，乐天百日病假告满，照例他的刑部侍郎一职被免去。也许是在此之前他做了一些工作，朝廷诏除他为太子宾客，分司东都洛阳。接到诏书后，乐天非常高兴，这样的结果，也正是他心中期盼的。妻子很快就收拾好了行装。裴度、刘禹锡、张籍三人于兴化里裴府举办盛宴为乐天饯行。推杯换盏间，尽是离别之词，可是，此次乐天的心中，并无太多愁苦。远离，其实是一种精神回归，他看到内心深处更真实的渴望，他更加渴望安静的余生。

乐天一家于四月初离开了长安，四月下旬才回到了东都洛阳的宅第。这次回来，他颇有些庆幸，因为他暂时摆脱了朝中湍急的政治暗流。朋友们听说乐天回来了，竞相前来拜访，让乐天有些应接不暇。他开始享受宁静岁月，过起了安稳人生。

安逸的生活逐步在他的生命中展开，尽管是那样平铺直叙，毫无生机，但对于乐天来说，这才是他追求一生想要的结果。而另一面，长安城里却是风起云涌，一刻不停地演绎着血雨腥风的政治故事。

第十章

半生梦过无痕

香山带走了诀别

一年又一年，再美的景色也抵不过时间的流逝，那一去不复返的决绝，让人们的心中徒生无限的悲凉。

大和四年，党派之争继续上演，武昌军节度使牛僧孺入朝，升为兵部尚书同平章事，李德裕一党却在此次的党派之争中完败，被排挤出了朝廷。而好友元稹也因为受到李德裕的提携而被新上任的宰相排挤出了朝廷，贬为武昌军节度使，接替牛僧孺。

此时身在洛阳的乐天庆幸自己没有卷入这场党派的斗争中，他们其中任何人受到伤害，遭到贬谪，都是他不愿看到的。

远离了朝廷的争斗，乐天沉醉于洛阳的山水寺庙之中。钟情美景和醉心佛海，是乐天人生两大不变的主题。整日沉醉于惬意生活的他不想再与朝廷有任何瓜葛了，他已经厌烦了官场的生活，目前需要的只是一片净土而已。

于是，三月份，乐天独自游览了玉泉寺。不得不说，乐天选择了一个最佳的游览时节。三月份鲜红的石榴花正在绽放，乐天独自欣赏着石榴花，一首"云树玉泉寺，肩舁半日程。更无人作伴，只共酒同行。新叶千万影，残莺三两声。闲游竟未足，春尽有余情"的诗作已然成形于心中。

盛夏时节，酷暑难耐。此时的洛阳城已无法再居住了，所以乐天便来到了洛阳城外的香山。香山上有一座寺院名曰香山寺，是龙门十寺中最著名的寺院。寺院里面的石楼边，有一个龙潭，潭水清凉澄澈，炎热的夏季，倘若能用龙潭水清洗一番，必定是惬意舒爽的事情。乐天的《香山寺石楼潭夜浴》就记录了这样的情景。

凉秋到来，没有了夏季的炎热，似乎更适合游览观赏。这一年的秋天，乐天来到平泉庄游玩。在这座平泉庄里，住着一位处士韦楚，滋味不接于口，尘埃不染其心，二十余年隐居山林，多少有一些名气。而平泉庄的西面有一西寺，住着奉国寺的高足清闲禅师。二人听说乐天要来此地，当即十里相迎。乐天很是高兴，随即写下了《秋游平泉赠韦处士闲禅师》：

> 秋景引闲步，山游不知疲。
>
> 杖藜舍舆马，十里与僧期。
>
> 昔尝忧六十，四体不支持。
>
> 今来已及此，犹未苦衰羸。

予往年有诗云：三十气大壮，胸中多是非。六十年太老，四体不支持。今故云。

> 心兴遇境发，身力因行知。
>
> 寻云到起处，爱泉听滴时。
>
> 南村韦处士，西寺闲禅师。
>
> 山头与洞底，闻健且相随。

从诗中我们不难看出，此时的乐天身体状况良好，即便是游览了一番之后仍然不觉得疲倦，依旧能健步相伴于韦处士和清闲禅师左右。

只是在这不久后，朝廷的诏书还是下达了。牛僧孺等人感念当年的恩情，授乐天为河南尹。这个职位在当时拥有相当高的地位，并且俸禄丰厚，权力范围也很大。这一切都是乐天最初所企盼的，但毕竟经历了这么多年的辗转与漂泊，如今的乐天再也没有在苏杭两地任刺史时的那份斗志了，他想要为百姓谋福利，却感到力不从心了。一个饱经风霜的老人，此刻需要的只是一份安逸，于是他将自己剩余的全部精力都放在修筑自己的府邸上了，他想在这个山清水秀的地方为自己创造一个舒适的环境，能够让自己安享晚年，不再过问外界的一切。

生活不怕索然无味，怕的是突遭晴天霹雳，那种让人心痛的措手不及是一般人无法经受的。乐天突闻唯一的继承人阿崔离世的噩耗，阿崔是他的小儿子，乐天本来以为自己后继有人了，谁知到头来却带给自己莫大的悲恸。

乐天很长时间都无法接受这个残酷的现实。痛苦难耐时，只好给元稹写信，以此来求得安慰。乐天曾经的好友刘禹锡等人听到了这个消息后，也都纷纷来信劝导乐天节哀顺变，不要过度悲伤。

痛苦总会随着时间的推移而淡忘，心中的伤痕也迟早会被岁月抹平。但命运又开始将这个老人玩弄于股掌之中，刚从丧子之痛中回过神来的乐天再次被噩耗打击得不知所措，老友元稹在武昌任职期间，突发疾病，与世长辞。元稹往日的风采依旧在眼前晃动，但从今以后，这个世界上就再也没有他的故事了。他像风一样，在乐天的生命中轻轻离去，却给了乐天重重一击。

乐天与元稹相识于儿时，元稹比他小几岁，算起来他与元稹相识也有几十年之久了，对佛教深有体会的乐天曾将他与元稹的关系比作形与影。

十月，乐天为老友元稹写下了祭文，以此来送元稹最后一程，向他做了生命中最隆重的告别。今生两个人的故事已经走到了终点，那些未完的心事，只等来生再来诉说。

待乐天料理完元稹的丧事，转眼间已经是大和六年。"瑞雪兆丰年"的大好寓意在这一年的初春就表露无遗。乐天怎能放过眼前的美景，于是借此机会邀请洛阳各界的名流来家中饮酒赏雪。这些年洛阳的收成不错，社会环境也是稳定和谐的，如果此时各界名流能再出一份力，洛阳的经济必定蒸蒸日上，这也将成为乐天政绩的一部分。

洛阳一片安定祥和之景，作为当地长官的乐天自然也可以暂时安心地享受一下生活了。那时，他最常去的地方莫过于香山寺。

洛阳有很多北魏时期所建的古刹，其中最著名的要数香山寺了。到了中唐时期，香山寺也逐步走向了没落。乐天每当游历到此地时，都不禁慨叹此地昔日的风景幽美，与这宁静淡雅氛围结合得恰到好处。

七月初，元稹的灵柩要迁到咸阳去了，相识几十载的老友要永远地离开了，就算以后想要拜祭，也不那么容易了。所以，乐天又为元稹写了墓志铭，来寄托自己的哀思。惋惜之余，乐天不忘拿出元稹托人带给自己为其撰写墓志铭的酬金来重修香山寺。这也算是为元稹积累功德。

八月一日，重修香山寺的工程顺利竣工了。为此，乐天欣喜地写下了《修香山寺记》：

> 洛都四野山水之胜，龙门首焉。龙门十寺观游之胜，香山首焉。
>
> 香山之坏久矣，楼亭骞崩，佛僧暴露。士君子惜之，予亦惜之，佛弟子耻之，予亦耻之。顷予为庶子宾客分司东都，时性好闲游，灵迹胜概靡不周览，每至兹寺，慨然有葺完之愿焉。迨今七八年，幸为山水主，是偿初心、复始愿之秋也。似有缘会，果成就之……

乐天独坐在修筑一新的香山寺中，虽然眼前充斥着美景，但毕竟无法还原这香山寺最初的模样了。身边的朋友，也逐渐消失在生命中，物是人非，就好似一路走来，我们丢掉了最初的纯真，也遗失了曾经的挚友，路途的终点，等待我们的只有无尽的孤独，亘古绵长……

刻下来的悲伤

岁月如歌，静默着，静默着，风干了双眼，迷失了你我，窗外透射过来的温暖的日光给予我们无限炫目的幸福，栖息在漂泊的心上。此时散落了一地的幸福又带着怎样的情绪？

还没能从亲人朋友离去的悲伤中走出来，命运就再一次让这种痛苦加深。就在乐天送走元稹后不久，又得到了吏部尚书崔群逝世的噩耗。乐天与崔群不仅仅是同朝为官的关系，也是有十几年交情的老朋友。在乐天两度处于低谷的时候，都是崔群给予最大的支持和帮助，给予乐天援引和提携。这样的情谊，是乐天永生难忘的；这样的痛楚，也是乐天无以言表的。

别离是伤感的，那滋味也多种多样，有悲伤，有无奈，有不舍，有依赖，有不忍，有惋惜，有绝望，有期待。理不清的种种哀愁，无处可诉的情绪，在永别的那一刻都会化作一个个文字，浮于纸上，炼成了千古传诵的佳句，酿成了蕴含百味的诗词。

身边的亲人朋友相继离去，就连府里的歌伎、舞伎也离开人世多年。伤感之余，乐天写下一首《谕妓》：

烛泪夜黏桃花袖，酒痕春污石榴裙。

> 莫辞辛苦供欢宴，老后思量悔煞君。

看惯了太多太多的离别，才知道离去后那一段回忆是思念的祭奠。离别是痛苦的，回忆是幸福的。那根让人痛苦的神经不停地痉挛，伴着酸楚的泪，流进心房，洇湿了点点滴滴的回忆。我们总是有着许许多多难以割舍的情怀，我们总是有着必须割舍的故事，这些情怀和故事就在那念念不忘的岁月里慢慢沉淀，直到被埋藏在心的最深处。

离去的人就让他离去，留下的人还要继续。乐天的僧人朋友们不忍心看着他这样伤感颓废下去，便在秋高气爽的九月，邀请乐天一同游览嵩山，也好释放一下伤痛。

这一次的游览，主要是游览寺庙。一行人来到了龙潭寺，当晚也住在了那里。夜晚的龙潭寺寂静无声，繁星闪烁，深邃的天空飘着丝丝浮云，安详静谧，让人宁静舒心。

在游览龙潭寺后，乐天和朋友们还来到了著名的少林寺。少林寺位于少室山北麓五乳峰下。周围山峦环抱、峰峰相连、错落有致，形成了少林寺的天然屏障。少林寺有着"天下第一名刹"之美誉，是中国汉传佛教禅宗祖庭，始建于公元 495 年（北魏太和十九年）。公元 527 年，印度名僧菩提达摩来到少林寺传授禅法，敕就少室山为佛陀立寺，供给衣食。此后寺院逐渐扩大，僧徒日益增多，少林寺声名大振。菩提达摩被称为中国佛教禅宗的初祖，而少林寺则被称为禅宗的祖庭。一时兴起的乐天，还写了一首诗：

> 山屐田衣六七贤，寥芳蹋翠弄潺湲。
>
> 九龙潭月落杯酒，三品松风飘管弦。
>
> 强健且宜游胜地，清凉不觉过炎天。
>
> 始知驾鹤乘云外，别有逍遥地上仙。

——《从龙潭寺至少林寺题赠同游者》

彼时的乐天身体状况还算不错，还能自由自在地游玩，乐天觉得自己就像神仙一样舒心。趁着兴致，乐天又来到了法王寺。相传法王寺是东汉明帝刘庄在永平十四年建造的，是中国最早的寺院之一，可谓历史悠久。乐天在法王寺游览一番后，天色已经暗了下来，有僧人觉得月色皎洁，便建议趁着夜色去岳寺。岳寺又叫作嵩岳寺，在太室山的南麓，地势要比法王寺低，所以乐天并不觉得累。夜深人静的夜晚，走在蜿蜒曲折的山路上，总是会惹出许许多多的遐想。乐天一边走，一边咏出了《夜从法王寺下归岳寺》：

> 双刹夹虚空，绿云一径通。
>
> 似从忉利下，如过剑门中。
>
> 灯火光初合，笙歌曲未终。
>
> 可怜师子座，异出净名翁。

乐天听从了僧人朋友的建议，这一次游览嵩山还真是尽兴而归。只是生活的残酷，怎么能如此轻易地就将波澜变成了宁静？

就在这一年的十二月份，乐天再一次听到了朋友离去的噩耗——循州司马杜元颖溘然病逝。乐天那颗刚刚得到宽慰的心再一次陷入了悲恸。杜元颖与乐天是同一年的进士，关系甚笃，如今却没想到这样的友人会突然离开自己。这个时候的乐天已经是六十一岁的老人了，乐天在震惊的同时，也真真切切地感觉到了死亡的威胁。

生命中的悲欢离合，是我们不能避免的，就像那天上的月亮，有完满的时候，就有缺损的时候，亦如那奔腾的海水，有涨潮的时候，就会有退潮的时候。

时间总是那样公正，它从不会对某一个人分外照顾，岁月的河流，只能匆匆向前，不肯退后半分。这时的乐天已经不再是一个无知的少年，如今，他已经从当初一个青涩懵懂的孩童变成了一个满头白发的老者。

也许，乐天骨子里还是希望自己可以返老还童，希望时间可以静止，但这也只是美好的希望。时间不会因为某些人的意愿而真的暂停，我们也不能自大地认为自己就是那个独一无二的宠儿。对于那些无可奈何的事，只希望心中的那份美好会亘古不变。

春节将至，洛阳当地的民众沉浸在春节的喜庆氛围中，唯独乐天无法被这氛围所感染，因为他还沉浸在朋友相继离世的痛苦中。

夜晚辗转难眠时，他只能一个人借酒浇愁，没有了知己陪伴，独自斟饮，酒的芳醇便化成了苦味。想起了离去的老友，乐天不禁悲从中来，泪如泉涌，写下了《七年元日对酒五首》。在第五首诗中，乐天写道：

……

同岁崔何在，同年杜又无。

余与吏部崔相公甲子同岁，与循州杜相公及第同年。秋、冬二人俱逝。

应无藏避处，只有且欢娱。

生活的空虚已经深入到了乐天的心骨，那种感觉唯有自己才能了解。

如今的他再也不用为了生计而忧愁，剩余的财产已经足够他安享晚年了，此时这位已经看惯了世事变幻的花甲老人，觉得一切都是虚幻。追逐了一生的名利，都将随着一个生命的陨落而变得失去了意义。乐天打算辞去河南尹一职，回归山林度过自己的余生，永久地陷入宁静。

朝廷中并不是每个人都像乐天一样，期待一份属于自己的平静与安逸。那个时代的士大夫都觉得不论任何时候，只有官场才是展现自己、成就理想的地方，因此都不遗余力地在官场上为自己拼得一席之地。只不过，这边的乐天正准备辞官，那边的朝廷中却又生变故。

让佛海砌成围墙

茫茫宇宙，我们显得那样微不足道，因为我们无法把这模糊的世界分辨得清清楚楚，明明白白，无奈世间的苦难让人心力交瘁。

大和七年的二月初，李德裕回朝，牛、李两派的斗争再次鸣起号角。乐天已经对朝廷中残酷的争斗失去了兴趣，于是以身体多病为由，辞去了河南尹一职。

几日后，朝廷再下诏书，授予乐天太子宾客的职位，为官东都。乐天感念皇上的恩泽，自知这是个权力较大、俸禄较高的美差，平日里也比较清闲，于是只好欣然应允。

不久之后，长安终南山宗密上人来拜访乐天。乐天欣喜若狂，因为他早就听说了宗密上人的威望。宗密上人曾经在长安华严寺学习过华严教义，成为了华严宗的五祖。而且他还广收禅宗言论，主张禅教一致，这在当时的影响很大。与宗密上人接触几日后，乐天便觉得宗密上人学识渊博，教义精湛，并对他由衷地感到钦佩。而宗密上人也对乐天这位诗人能对佛教有着独特的理解深感佩服。有时候二人相对静坐，或是高谈阔论，或是静默无言。临别时，宗密上人希望乐天能够给自己写一首诗，于是乐天便写道：

吾师道与佛相应，念念无为法法能。

口藏宣传十二部，心台照耀百千灯。

尽离文字非中道，长住虚空是小乘。

少有人知菩萨行，世间只是重高僧。

——《赠草堂宗密上人》

世人看重的只是有没有神通，有没有皇家封号，或是不是活了一百多岁的"高僧"。其实，高僧是僧人们行菩萨行所表现出来的总体的外观形象，但之所以成为高僧的菩萨行这个"因"，的确是少有人知。在乐天看来，宗密上人可以称得上是自己的师父，宗密上人呕心沥血，花了毕生的精力使禅教合一，这样的菩萨行人们却看不到，还遭到一些"落入文字"的非议，那简直是无知之至。

自从辞去了河南尹一职后，乐天也逐渐远离了尘世，向佛寺和僧人靠拢。乐天早就与佛寺有着不解之缘，在他看来，供养僧侣的最好物品就是窗外那如诗如画的美景。

众人见乐天难得清闲，时常会邀请他共游佛寺。袅袅禅音里，他可以体会到更深的沉静。

那一日，他独自来到了香山寺，那是他一手从破败中挽救出的，再回到这里，踏在青石板上，体会这寺中独有的寂静，心中诗意翻涌，写了《香山寺二绝》两首诗：

其一

空门寂静老夫闲，伴鸟随云往复还。

家酝满瓶书满架，半移生计入香山。

其二

爱风岩上攀松盖，恋月潭边坐石棱。

且共云泉结缘境，他生当作此山僧。

乐天是了解自己的，他早就说过自己"性本爱丘山"。他这一生注定与山林有着不解的缘分。即便今生不能够与山林为伴，来世也一定要做这里的僧人。

离别的愁绪始终笼罩在乐天的心头。七月，他的老友崔玄亮突然病逝。人已不在，乐天悲恸万分。曾经的好友逐一地驾鹤西去，让乐天越来越感到不安和孤寂。乐天就这样孤独地度过了大和七年的后半年。

大和八年的三月里，乐天应神照禅师的邀请，再一次游赏了龙门。这一次游赏，乐天在香山居住了一段时间，并且还是与神照禅师同住。二人常常彻夜长谈，无话不说，乐天对于这样一段日子写诗道：

八年三月晦，山梨花满枝。

龙门水西寺，夜与远公期。

晏坐自相对，密语谁得知。

前后际断处，一念不生时。

——《神照禅师同宿》

从龙门回来后不久，乐天又去了菩提寺游玩。菩提寺坐落于洛阳城南部，是后魏时期西域胡人所建。傍晚登上菩提寺，遥望香山美景，乐天的心中感慨颇多，《菩提寺上方晚望香山寺寄舒员外》就淋漓尽致地表现了他当时的心境：

晚登西宝刹，晴望东精舍。

反照转楼台，辉辉似图画。

> 冰浮水明灭，雪压松偃亚。
>
> 石阁僧上来，云汀雁飞下。
>
> 西京闹于市，东洛闲如社。
>
> 曾忆旧游无，香山明月夜。

这一年的仲秋，乐天在一个闲暇的傍晚再一次来到了菩提寺。伫立在寺院的高处，远远看着山色美景，欢喜的乐天随口吟了一首《菩提寺上方晚眺》：

> 楼阁高低树浅深，山光水色暝沉沉。
>
> 嵩烟半卷青绡幕，伊浪平铺绿绮衾。
>
> 飞鸟灭时宜极目，远风来处好开襟。
>
> 谁知不离簪缨内，长得逍遥自在心。

这一时期的乐天完完全全地沉浸在了佛教的浩瀚海洋里，不过他的佛教思想主要还是属于大乘的，而且他十分热衷于诵读禅经，在《读禅经》一诗中还写下了他的感想：

> 须知诸相皆非相，若住无余却有余。
>
> 言下忘言一时了，梦中说梦两重虚。
>
> 空花岂得兼求果，阳焰如何更觅鱼。
>
> 摄动是禅禅是动，不禅不动即如如。

晚年间开始悟禅，这是乐天人生一个新的阶段。曾经执着于仕途，当经历了多次打击之后，他慢慢看淡功名。香山寺就是他悟禅的地方，他将自己生活的重心放在了修缮寺庙上，只为获得自己内心的安宁以及造福于后世的慈悲心。

乐天，香山居士，这四个与他息息相关的字，也是他心中的乐土。

其实，归根结底，乐天一直都在生命中找寻一个安静的角落，努力感受着自己的灵魂。他用文字堆砌一座堡垒，笑看云淡风轻。他愿倚在时光的寂静深处，让淡淡的人生如溪水一般潺潺而过。

花开到荼

闭上眼睛静静聆听树叶归于尘土的声音，轻触地面，听到几声山谷间清泉碰触岩石的清脆响声，回荡的声响使人好似走在空旷的山间，与房间内的嘈杂截然不同。我们无法时常沉浸在这静谧中，无法穿透宿命的前尘，越过黄泉的无奈。那淡淡的哀愁、浅浅的忧伤永久地充斥在我们的心头。

花甲之年的乐天已经学会了笑看朝廷中的风云变幻，他深知朝廷终将是在不断的斗争中向前推进的，这就是历史的演变。无论你是否身处其中，你都是这历史中的过客，在时代的更迭中体会着作为世人的悲哀。

朝廷中人事怎样变动，都与这个年过六旬的老人无关了，他需要的只是适意的生活，一个能让他继续徜徉佛海的机会以及一种参禅悟道的境界。

这一年，发生了重大的"甘露之变"。经过这次事变，宦官专权更加严重，朝廷大小事务均取决于宦官，外廷宰相等形同虚设。"甘露之变"这一残酷的消息传到洛阳后，乐天颇为震惊，四个宰相同时遇害，这是历朝历代都没有的。乐天为死难者沉痛哀悼，也为自己远离政治旋涡而庆幸。

"甘露之变"后，朝廷元气大伤，为了振作朝纲，文宗决定改元，将丙辰年改为开成元年（公元 836 年）。正月初一宣诏，大赦天下，京兆百姓免除一年赋税。一时间人们奔走相告，群情欢悦。

初春，乐天再次去嵩山游玩，他在山上住了三夜，几乎跑遍嵩山的主要山峰。他还特意在少室山东岩的最高石上题了名，以示纪念。三月末，太子宾客分司东都的李绅迁升为河南尹。乐天与李绅是老朋友了，在诸多故友纷纷离世后，二人能在一起实在是很难得的。所以，他们常常结伴而游，互相唱和，走走停停地度过了不少光景。偶尔，乐天还会到天竺寺会见僧友，和僧人们一起畅谈、品茗，享受着宁静悠然的人生。他偶尔还会听到一些朝廷的消息。

开成二年，朝廷的人事任免有了大的变化，裴度被调到太原任北都留守、太原尹、河东节度使，李德裕被调至扬州，任检校户部尚书、扬州大都督府长史，充淮南节度使。牛僧孺被调为检校司空、东都留守。裴度走了，牛僧孺又来了，这让乐天稍稍有些慰藉。但是不管朝廷的人事如何变化，都已经与乐天无关了。如今的他，身心适意，已经无所求了。曾经仕途的光芒，已经在他的生命中暗淡下去，眼前的寻常人生，却充满了宁静的幸福。

这一年的冬天来得很快。乐天的女儿阿罗生了一个女娃，乐天十分高兴，他沉浸在一个老人的天伦之乐中，已经不似之前那样重男轻女。当外孙女满月的时候，他还为她办了一个庆贺筵席。乐天给外孙女起名叫引珠，并写了一首诗，其中最后一句说："怀中有可抱，何必是男儿。"（《小岁日喜谈氏外孙女孩满月》）

不久后，乐天又给侄儿娶了一个贤惠孝顺、知书达理的妻子。一家人还是比较满意的。这也算是乐天给九泉之下的弟弟行简的一个交代。开成三年的春节后不久，裴度从太原赠来了马匹，乐天很是感激。

初春，乐天骑着裴度赠予自己的马，再次回到了香山寺。众僧听到乐天要来此地，都很欣喜，想一睹这位官场浮沉多年却又与佛寺有着割舍不断情缘的大诗人的风采。此次来到香山寺，乐天准备在此小住一段时间。他伸手摸过这古寺的每个角落，一份宁静轻触他的心灵，勾起了他对这坎坷一生的回味。

十一岁的时候，乐天就独自一人漂泊在江南一带，那种孤苦与寂寞让他变得多愁善感。随着年龄的增长，乐天开始思虑自己的未来，也在逐步探索中树立了自己兼济天下的人生观。他虽然也像当时普通的少年那般走上了科举之路，但是多年的寒窗苦读造就了他坚韧的品格，也拖垮了他的身体。

后来顺利通过考试，进入朝廷为官后，他本来满怀信心，却被一次又一次的无情贬官浇熄了人生的希望之火，他因此萌生了退隐的念头。

多次遭到贬谪，多次重返仕途，我们可以说他是矛盾的，是反复无常的，甚至是虚荣的。但是我们更应该看到他多次遭受苦难却从未服输，不仅是因为当时的社会氛围，更多的是他始终不愿放弃自己心中的执着，不为自己，只为国家，为了自己亲眼所见的那些正在经受苦难的百姓。

他从官场中一次次的垂死挣扎到最后的淡泊名利，又经历了多少次辗转反侧，经历了多少矛盾与纠结。这其中的苦楚只有他自己能体会。

此时的乐天已经不觉得自己的人生怎样悲惨，或许是因为痛到深处的麻痹，或许是自己参禅悟道后的觉悟。淡然中，他饮下一壶浊酒，伴着蒙蒙醉意写下了人生的另一番感悟：

　　醉吟先生者，忘其姓字、乡里、官爵，忽忽不知吾为谁也。宦游三十载，将老，退居洛下。所居有池五六亩，竹数千竿，乔木数十株，台榭舟桥，具体而微，先生安焉。家虽贫，不至寒馁；年虽老，未及昏耄。性嗜酒，耽琴淫诗，凡酒徒：琴侣、诗客多与之游。游之外，栖心释氏，通学小中大乘法，与嵩山僧如满为空门友，平泉客韦楚为山水友，彭城刘梦得为诗友，安定皇甫朗之为酒友。每一相见，欣然忘归，洛城内外，六七十里间，凡观、寺、丘、墅，有泉石花竹者，靡不游；人家有美酒鸣琴者，靡不过；有图书歌舞者，靡不观……

　　　　　　　　　　　　　　　　　　　　　——《醉吟先生传》

花甲之年的乐天虽然还有官职在身，但大多只是朝廷念其多年来劳苦功高而授予的闲职，那个职位所带来的俸禄也足够乐天安度晚年。这使得乐天可以将自己余下的时间献给毕生追求的佛教。佛寺中修炼的乐天不忘时常整理自己这些年来的诗作，这其中不乏早期对悲凉生活的感慨，中期对为官生涯的评述，以及后期对田园生活和归隐的期待。

后期的每首诗中也都含有一些他从佛学中感悟出的道理。待到这些诗作整理成册以后，他将其置于佛寺之中，供人参考阅读，希望以自己平生所感，来给迷途中的世人一个警示。

很快，开成五年来临了。正月四日，文宗驾崩，颍王李瀍（后改名炎）杀太子成美，继位于文宗灵柩前，是为武宗。时光匆匆，开成五年就这样结束了。正月初一，武宗宣诏新的一年已经到来，决定改元会昌，大赦天下。会昌元年这一年乐天过得十分平静，但是由于没有了俸禄，家里的积蓄很快就用得差不多了。

会昌二年，牛僧孺向武宗汇报了乐天的情况。武宗念乐天是著名诗人，又曾有相当好的政绩，下诏授乐天为刑部尚书致仕，俸禄给半。乐天接诏后喜出望外，他再也不用为生计而变卖家产了。这样一个官职基本上是一个闲官，所以乐天不过问政治，不参加任何活动，整日虔诚地念佛诵经，打坐修禅。这样的生活，使他极为满足。

朝廷里的政治依旧风云变幻，而乐天却安静地守着岁月礼佛参禅。那些血雨腥风的故事，都已然成了他生命中的过眼云烟。他的精神逐渐得到解脱，而他的身体，却在岁月的流转中成了负累。

岁月是经不起琢磨的一种东西，当你留意到它的时候，却发现它已经给你的身体无情地烙下印记。乐天日夜在佛寺中参禅，但少年时期就饱经风霜的他，一直承受着病痛的困扰。

随着岁月累积，他的病情加重，家人为其寻医问药已经花费了大部分的积蓄。他不得不将家中财产变卖，并辞去了自己心爱的舞伎樊素，心痛之余写下了《春尽日宴罢感事独吟》：

> 五年三月今朝尽，客散筵空独掩扉。
> 病共乐天相伴住，春随樊子一时归。
> 闲听莺语移时立，思逐杨花触处飞。
> 金带縒腰衫委地，年年衰瘦不胜衣。

会昌六年八月的一天，这位饱经沧桑的老人安详地闭上了双眼，去往他曾经一心向往的西方极乐世界，就好似走进了一个美好的梦境。梦中的他终于可以和那些阔别已久的老友相聚了，在另一个世界里，他们把酒言欢，吟诗为乐。他再不用为官场之事烦恼，他终于到达了那个属于他的宁静之地，那里有他爱的美景，有他痴缠半生的湘灵，还有他至爱的父母……

一代文坛巨匠铸就了属于他的光彩，留下了无数感人的诗篇，即使生命终止在了七十四岁这一节点之上，这位老人也将带着他那颗淡泊之心微笑着向自己心中的净土缓缓走去。

沉静心灵，彼时，面拂清风。让我们在这喧嚣的尘世中，安心静坐，将乐天那一句句绝美的诗词，揉进我们的心里。

淡然之中，独自畅饮浊酒，可蒙蒙醉意却难以释怀心中的疑思，究竟人生匆匆，来何因，去何缘？回首过往，想来不过是苍茫之中的一瞬孤影罢了。

半醉半醒之间，仿佛又听到了那絮嘟禅理的声音，回到了那个美诗与美酒的年代。

后　记

搁笔之时，仍有万千感慨汇聚于心。乐天的一生匆匆走过，却留给我们无尽的深思。我们都曾在这来去匆匆的岁月中驻足停留，顷刻间的感觉或许都将成为永恒。时间总会冲洗掉那些不堪的过往，而留在人生中的终究会是美好的瞬间，定格成永恒的记忆，在时光深处，闪闪发光。

翻阅此书，仿佛可以看到乐天的一生在我们眼前匆匆走过。你能否真切地感受到那份无关宗教的洒脱终究还是人生的磨炼？乐天出生在一千多年之前的唐中叶，极尽繁华的唐朝已经成为过往，十几岁的他就饱受战乱之苦，命运就这样，无情地将他置于一个战乱不断的年代。战乱中的四处漂泊，也注定了他将一生辗转，一生挣扎。

他曾迷失过，也曾执着过。其实，他同我们每一个人一样，都经历了风雨，经历了坎坷，为了心中的理想之光，为了那些似流沙般抓不住、握不到的相似的美好拼尽一生，不停地追赶。只怕一放松了脚步，所追逐的梦就在瞬间幻灭。他无数次地渴望成功那瞬间迸发的喜悦，但当真正踏在梦想的高岗时，却明白这一步只是为了开启人生的另一个篇章。

花开生两面，人生佛魔间。善恶都在一念之间，执着了一生的信念或许也会在瞬间放下。心中沉重的担子没有了，他开始为自己生活。他并不是放弃了百姓，只是他意识到自己已经无能为力，只能从另一个方面实现自己的愿望。年过古稀之时，他解甲归田，真正过上了无忧无虑的田园生活。或许人生最后的几年才是他一生之中最快乐的时光。他广结善缘，为百姓做了很多善事，"我身虽殁心长在，暗施慈悲与后人"。

乐天的一生都在为百姓操劳，就算这皮囊腐朽了，他的心依然与百姓在一起。这是怎样的高风亮节，怎能不令人感动？让历史记住的不仅仅是他卓越的才华，还有他那颗散发着金子般光芒的心灵。

他是一位诗人，是一位官吏，但他也是一个普通的追梦人。梦里，他哭过，笑过，看过繁华，体味过悲凉……他用一生，走了一个完满的圈。生命如此，足矣！

此书写尽，梦境长留。其实我们想要的不多，就是在他匆匆而过的人生中，多多驻足，看看他来时的风景。长叹一声，人生总是悲喜纵横的，不要让今天的悲伤侵蚀了明日的希望，也不要让此刻的喜悦迷失了曾经清醒的自己。